セレブのカバンはなぜ小さいのか

お金と幸せの秘密ルール

桜井美帆
Miho Sakurai

KADOKAWA

はじめに

「セレブのカバンはなぜ小さいのか？」
この問いかけには、ファッションに限らず、私たちの人生を変えるきっかけとなる深い意味があります。

主人公のジュンは、仕事も恋もうまくいかず、夜、お酒を飲みながら人生を嘆く派遣社員。自分の不運も当然と受け入れています。彼女は、周囲の目を気にしながらも、セレブの世界は別世界、自分の不幸すら当然であると受け入れてしまう女性です。
この本を手に取った方にも、心当たりがあるのではないでしょうか？

本当は誰にでも「叶う力」があります。

叶わないだろうと思っていたことが、いきなり叶うように変わったら、もうそれは「奇跡」と呼んでもいいかもしれません。

それはこの書籍を手に取っているあなたも例外ではありません。

その能力があり、人生を好転させる力を使って「奇跡」を引き寄せることができるのです。


私の元には日々、生まれ変わったと嬉しい「奇跡」の報告があります。

・臨時収入が入ってきました！
・収入が上がりました！
・理想の目標を達成しました。
・長年、苦しんでいた痛みがなくなりました。
・不倫相手と別れられて、運命の人に出会ってプロポーズされました。
・昇進しました。

・夢が叶いました。
・良縁を引き寄せられました。
・悪縁を断ち切り、縁切りできました。
など

全てが「奇跡」的に、想像もしていなかった幸運の引き寄せなのです。

自己紹介が遅れてしまいましたが、改めまして、幸運を引き寄せあなたを高める桜井美帆です。私は、潜在能力を高める専門家です。ヨーロッパの大富豪メディチ家プリンセス公認超心理学士として、プリンセスも公認のYouTube「メディチの館」では多数の芸能人をお招きしてスピリチュアル対談で盛り上がったり、開運法をお伝えしたりしてきました。

また「桜井美帆のオーラで開運チャンネル」では約5万人にチャンネル登録をいただき、潜在意識や引き寄せの法則など人生を幸せにシフトする方法をお伝えしています。

ほかにもアメリカのTED×スピーチやニューヨークの国連本部イベントで世界平和宣言のスピーチをしたり、世界43カ国のパワースポットを巡って運気上昇メッセージをお届けしたりしています。

今でこそ、様々な仕事をさせていただいていますが、何を隠そう、実は私も昔は「夢を叶えることなんてできない」、「難しい」と考えてどん底にいたひとりでした。

どうやってその意識を書き換え、夢を実現し、叶えていったか、そのプロセスを、できるだけ具体的に小説の中に盛り込みました。

この小説を読む方々には、主人公と一緒に成長し、自分自身の可能性を信じる力を育んでほしいと願っています。人生を豊かにする幸せのきっかけになったら嬉しいです。

ぜひ一緒に、輝く理想の人生に向けて「奇跡」の扉を開いてみましょう！
これからもますますの幸運を引き寄せられますように♪
愛と感謝と祝福を込めて

桜井　美帆

CONTENTS

[Chapter 2] お金の呪縛を解くべし

[Chapter 3] 幸せへのメッセージを逃さない

[Chapter 4]

セレブのカバンはなぜ小さい

CONTENTS

カバーデザイン／奈良岡菜摘
カバーイラスト／牛久保雅美
本文デザイン・ＤＴＰ／黒田志麻
校正／アドリブ
編集協力／かうち

[Chapter 1]

自分の人生は
自分で
創っている

私の人生もこれで詰んだな――

多くの社員たちの前で退職の挨拶をしながら、私の心は闇に包まれていた。長年勤めていた会社の派遣契約を来月末で打ち切りたいと、部長に言われたのは先月のこと。

いつか正社員になりたいと願って飛び込んだ華やかなアパレルブランドの会社。現実は違っていてずっと派遣のままだった。

「あ～あ、いつかは、正社員になって安定して、お金もたくさん稼いで、キラキラした生活を送ってみたいと思っていたんだけどな…」

貧乏暇なしでおしゃれも充分にはできない私は、覇気もなく、暗くて、イキイキと仕事をこなしていた正社員の人とは大違い。確かに私は違う。彼らは私が望んでいる世界を謳歌しているのに、どうして私には同じことができないのだろう？

自分でもわからない。

派遣だからなのか、餞別のお花もなく、廊下をとぼとぼと歩いていると、ひときわ輝く元婚約者と幸せなオーラを放った後輩とすれ違い、気分はどん底へ。しかも、退職する荷物を抱えた私に、勝ち誇るように放たれた言葉は、

「あら？　会社、辞めちゃうんですか？　ざんね〜ん」

私は、クビ同然。その言葉に対して、卑屈に笑うしかなかった。

その日、私は行きつけのバーでお酒をガブ飲みしていた。

「マスター、酷くないですか？　あの後輩、私の元婚約者を奪ったんですよ。わざわざ、最後にその彼と一緒に歩いているところに遭遇するなんて。しかも、あ

の女のせいで、私、クビになったかもしれないと思って。なのにわざとらしく、ざんね～んなんて。あー虫唾が走る！」

「その子、なかなかの性格だなぁ」

「でしょ!?　役員クラスの娘で、コネで入社して正社員なんですよ。私より若いのに、私より先に嫁いで、私よりも多く稼いでいて…悔しい～」

マスターが、空いたグラスにワインを注いでくれるのを見て、私の愚痴も止まらない。

「しかも、私がフラれたのは先月なのに、今月もうその後輩と婚約発表って、どういうことですか？　それってもしかして、私、思いっきり二股かけられていたってこと？　もう辛すぎて夜も眠れません」

机に突っ伏して塞ぎ込んでいると、テーブルの上に置いてあったスマホが動き出した。バイブレーションの振動が音を立てる。

「ジュンさん、スマホ鳴ってるよ」

マスターの呼びかけでスマホを持ち上げてみると、その着信は派遣会社からだった。

こんな夜になんの用？　仕事の電話なら昼間にするよね？　なんだろう？　怖い。嫌な予感。何を言われるんだろう？　もう電話は出ない！

結局、その着信は出ずに、連絡を無視した形になってしまった。

「はぁーーー」

カウンターテーブルに頬をつけて、深いため息をついた。

「あ〜、私に残されたのは、クレジットカードのローン50万円かぁ。愛も夢もお金も仕事も貯金も何もない。全部、私の前から消えちゃった。この8年間、一体、何をしてきたんだろう？　もう、やり直す気力なんて出ない」

落ち込んでうなだれていると、カウンターテーブルの奥に新しいお客様が来店して、小さなブランドもののバッグが目に飛び込んできた。

「高そうなバッグ…。でも、なんであんなに小さいのよ。あれじゃ、何も入らないじゃない…」

どんな人がそれを持っているのか？　と持ち主の顔を見てみると、

「ふん。セレブな人か…」

なぜ、あの人は、私にないものを全て持ち合わせているのだろう？　にこやかで美しい所作は、不思議と目が離せない。私は気づいたらじっと彼女を見つめていた。

「私も、ああなりたい。本当だったら今頃はああなっていたはずなのに」

きっと年上だろうけど、私よりもお肌の艶もあって、若々しい雰囲気で、何より上品で気品がある。身に着けている時計や小物、ファッションも質の良さそうなものばかりで、明らかに私とは生活レベルが違うとわかった。

「マスター、あの人、誰？　知っていますか？」

「あー。彼女はメディチーナさんといって、たまにウチに顔を出してくれるお客様。紹介しようか？　パワーもらって元気になってよ」

そう言って、マスターが奥まで席を移動するように合図してくれて、メディチーナさんとやらにも声をかけてくれた。

「いつもありがとうございます。今日も輝いていますね」

「いえいえ」

「こちら、ジュンさん。家も近かったと思ったので、よかったら彼女に元気パワーあげてください」

私を見ると優しくニコッとほほ笑み、乾杯とグラスを差し出してきた。

「ジュン、メディチーナさんはロイヤルマンションのペントハウス住まいだぞ。もう天上界の人だから、失礼のないように話すんだぞ！　愚痴るなよ」

「え？」

私は肩をすくめて、何を話していいのかもわからなくなった。私とは別世界の人。話なんて合うわけもない。でも酔った勢いでズバリ聞いた。

「あ、あの、ど、どうしたら、メディチーナさんのような素敵な女性になれますか？」

メディチーナさんは、手に持っていたグラスを置き、真っ直ぐ私の目を見て伝えてくれた。

「ジュンさんも充分に素敵な女性ですよ。それでも知りたい？　魔法の秘密があるの」

「魔法の秘密？」

「そう、引き寄せの法則は聞いたことあるかしら？　**今、不幸でも、不運でも大丈夫。魔法と言ったけど、実は科学だから、ルールを守れば誰でも人生は変えられるの**。一番どん底のときこそ、この秘密を知るチャンスよ」

「そ、そうなんですね？　で、でも、私、かなり、ダメダメなんです。そんな私でもできますか？」

「大丈夫。私でもできたから。昔は、私も不幸で不運でダメダメだったのよ」

私は、その一言が衝撃でイスから落ちそうになった。その瞬間、人生で初めて一撃で何かが変わる体験をしたような気がした。

自分に雷が落ちて、電流が走ったように痺れたからだ。メディチーナさんから過去の不幸で不運な人生の姿も映し出されたような気がした。

メディチーナさんは、スマホで昔の自分の写真を見せてくれた。

「見て。これが昔の私。ね？　病弱で生きるのが苦しかったの」

その写真を見て、メディチーナさんも元からセレブではなかったんだという
ことがわかって少し親近感がわいた。

ルール　人生のどん底は引き寄せの魔法の秘密を知るチャンス

引き寄せの魔法の秘密

私はお酒を飲み干し、勇気を出して聞いてみようと決心した。

「その引き寄せの魔法の秘密は、どうしたら学べますか？」

「私を引き寄せたのは、〝あなた〟なのよ？　つまり、引き寄せの魔法はすでに始まっているの」

もう始まっているの？

お酒のせいか心臓がバクバクと高鳴ってきた。

「ジュンさんはとっても魅力的な人で理想の人生を手に入れられるの。その引き寄せの魔法の秘密とは、**ジュンさんの人生は、ジュンさんが創っているということを知ることから始まるの。**でも、多くの人はそれを知っても、残念ながら他人の人生の脇役を演じてしまうだけなの。だから、ジュンさんは今日から、ジュンさんの**人生の主役になって生きてね**」

「私が私の人生の主役ですか？」

「そう。そうすると自分の人生は、**自分で創っていくことができるようになるわ**」

私はなんだか、ドキドキが止まらなかった。酔いがまわってしまったのだろうか？　言われていることがよく理解できないながらも、魂が喜んでいるのか**心臓が飛び出してきそうだった。**

「ジュンさんの夢や願いはありますか？」

「夢や願い？」

普通に、家族が健康で幸せであって欲しい。そんな当たり前のことは夢にはならないだろうか？　私は答えられずにいた。黙っていると、

「じゃあ、どうなったら幸せになると思う？」

どうなったら幸せ？

私はまたしても、そんなこと考えたことがないと思った。アゴに指を添えて、

斜め上を見て考える。

「もしかして、叶わないような夢を思い浮かべようとしていない？」

私はコクリと頷いた。すると、

「よく、夢はどうせ叶わない。夢は、寝ている間に見るものだと言う人がいるの。夢を見るから叶わないときに苦しむので、最初から夢なんて見ないほうがいいと考える人もいるの」

なるほど、と私は共感した。

「でもね、**夢を見ないと今のままなの。悪くはなっても良くはならない。イメージできた以上の人生にはなれないの。だから、夢は見たほうがいいの。まずは、夢は叶うという事実を受け入れるの**」

「受け入れる？」

「そう。**夢を叶えてもいいと自分に許可するの**」

「許可？」

「そう。そんなこと言われても、私も昔はなかなか信じられなかった。でも、信じなくてもいいから夢リストをノートに書いて、10年後に見返してみたら、全部の夢が叶ってたの」

「全部の夢ですか？」

「ええ。ミリオネアになることも、ペントハウスに住むことも、お城に住むことも、高級ホテルに泊まることも、スイートホテルで暮らすことも、ファーストクラスに乗ることも、本当に全て叶ったの」

信じられない…。でも今のメディチーナさんは誰がどう見たってセレブだ。それにさっき昔の写真も見せてもらった。どん底の私でもメディチーナさんみたいになれるってこと⁉

「でも許可も受け入れるもよくわからない」

「このね、許可して受け入れるというのは、自分が幸せになっていい、と許可することでもあるの。お金もいっぱい入ってくるとかね？」

「お金も？」

「そうね。**どんなことでもあなたの創っていく人生だからなんでも自由自在に**

叶うのよ。これは、あなたの潜在意識を活用しているだけなの」

ルール 引き寄せの魔法の秘訣は潜在意識の活用

幸運の女神は3秒ルール

「今日から、**どんなことでもチャンス**だと捉えてね。たとえ、不幸が目の前に現れたと思っても、ここにはどんな学びがあるのだろう？　どんなチャンスが待っているのだろう？　と思ってね」

そのとき、スマホが鳴った。またも派遣会社からだった。こんな遅い時間に仕事のわけはない。どうせ説教だろう。電話に出たくない。

しかし、メディチーナさんは電話に出るようにサインを送ってくる。これがチャンスだなんて思えないと思いながらも、渋々電話に出てみた。

「はい」

「山中《やまなか》ジュンさんですか？　実は、お願いがありまして…」

うわ。どうせ嫌なお願いをされるんだわ。不吉な予感がした。

「急に欠員が出てしまいまして、明日からどうしても働いていただきたい派遣先があるんです」

私は思わず立ち上がった。まさかこんな遅い時間に派遣依頼？

普通じゃない。あり得ない。初めての経験だった。

「え？　私でいいんですか？」

「はい！　ぜひ、お願いします。アパレル業界で一番大きな会社です」

その会社は、私が一度面接に落ちた憧れの会社だった。自分にはハードルが高くて働けないんだと思い込んでいた会社だった。

「こちらこそ、よろしくお願いします」

見えない電話先の相手に、私はお辞儀までして電話を切った。メディチーナさんはニッコリとほほ笑み、

「おめでとう。乾杯」

とグラスを差し出してきた。

「ありがとうございます。もしもメディチーナさんがいなかったら、今頃私は、

電話に出ないでチャンスを逃していたと思います。本当に電話に出てよかったです。派遣先が決まりましたー。やったー」

私はびっくりしながら、メディチーナさんから拍手喝采をもらった。

「さぁ、次はご褒美よ。お仕事が決まったんだから祝杯をあげましょう」

そう言って、メディチーナさんは私のためにシャンパンをオーダーしてお店にも祝福の嵐が巻き起こった。

そこから、二人でいろんな話をした。

メディチーナさんは、私より15歳も年上なこと。

誰もが知る大手企業で働いていたときは早く会社を辞めたかったこと。

子供が大好きで保育士になりたかったのに、なれなかったこと。

子供ができないと言われ、落ち込んだときのこと。

結婚したのに離婚になり、自殺未遂したときのこと。

後進国の子供を支援したら、助けが必要なのは日本の母親と啓示された話。

アメリカ横断を3回してアメリカで起業したこと。

NYでサロンをオープンした話。

資産を増やせと教わり、不動産や事業投資で資産を築いた話。

43カ国のパワースポットを巡って開運し続けてきたこと。

どの話も楽しく刺激的で話が弾んだ。

中でも最も印象に残ったのはエゴを捨てて神様のメッセージで生きているという話だった。


小我と大我がいて、小我はエゴだらけの小さな自分。大我は、神様が宿った自分。誰でもどちらも持ち合わせているという。だから、小さな自分は捨てて、大きな神が宿った自分を選択していくと運気が上がるという。

エゴなんて考えたこともなかったが、私はダメダメな自分は、小さな自分で間違いないと思った。でも、神様が自分に宿るなんて信じられないし、いまいち、ピンと来なかった。エゴを捨てるというのもやり方がわからない。やっぱり、私になんてできないと思った。

「あれ？　もしかして疑ってない？　今のネガティブな感情がエゴの骨頂なのよ。これから自分から湧いてくる感情よりも、無限の可能性とか未来の可能性など前向きな考えを優先するの。だって、神様だったらなんでも叶えられるって思わない？」

「まぁ…」

確かに神様だったらどんな願いも叶えてくれそうだ。

「でも、そのためにはどうしたらいいんですか？」

「そうね、**幸運の女神には前髪しかないって言われているから、何事も神様サインをキャッチして3秒ルールで行動したらいいの**」

「神様サイン？」

「そう。エゴが出てるときは、愚痴っぽくなるから、それに気づいたら愚痴を止めるの。そして、**思考するよりも行動よ。直感に従って、パッと浮かんだことを3秒以内に行動してみるの。**それは、神様からのメッセージだから。なんのことかよくわからなくても行動すると、次のメッセージがちゃんと届くようになってるの。やってみてね」

ルール 愚痴やエゴを捨てて直感に従って行動する

幸せとお金を掴むルール

メディチーナさんは、パッと時計を見て言った。

「もう、こんな時間。帰らなきゃ」

私は最終電車までねばるタイプ。あと2時間もある。仕事でもあって忙しいのかな？　大変だなー。私はまだまだ飲めるからラッキーだなー。そんなふうに考えていると、メディチーナさんは帰宅の準備を始めた。

「お仕事ですか？」

私が聞くと即答された。

「まさか！」

違うのか。ということは、恋人が遊びに来るのだろうか？　疑いの目で見ているとメディチーナさんは笑顔で答えた。

「よく、**時を制する者は人生や仕事も制する**なんて言うでしょう？　だから私、時間管理をしているの。ジュンさんも早く寝て、30分前行動してみてね。〃早起きは3億の得〃よ」

シンデレラも驚く門限だったと知り、生きる世界が違う人だと感じた。

私もいつもより早く帰る気持ちになり、そそくさと家路につくことに。明日からは、新しい派遣先に勤めることにもなっているし、いつもよりも30分早くアラームをかけて早起きしてみることにしよう。

朝は頭がボ～っとする中シャワーを浴びて目を覚まし、30分早く約束の場所に向かった。

「本日からお世話になる山中ジュンと申します」

新しい派遣先で部長を紹介されて、仕事内容を説明されると、前回とほぼ同じ業務だったのでやっていけそうだと思った。でも、明らかに、前の職場とは雰囲気が違った。なんて明るくて素敵な職場なんだろう。

「早く来てくれて助かったわ」

派遣担当の鈴木《すずき》さんが褒めてくれた。

「部長さん、これから出張に行ってしまうところだったんですって。だから、さっき、山中さんの姿が見えて本当に救世主が来たと思ったわ」

偶然の出来事ではあったが、30分前行動が役に立ったことで、私は、前向きな気持ちになった。

褒められることは、幸せな気持ちになるものだな。

3秒ルールに30分行動。3という数字は、三位一体とか3人集まれば文殊の知恵など宇宙ナンバーといわれているらしい。昨日の帰り際、メディチーナさんが言ったことを思い出した。〝早起きは3億の得〟という教えに従って実践してみたら、超開運したという話も信憑性が増す。

私もタイムマネジメントのマスターになりたいと思った。

【運を味方につけるロードマップ】

■ステージ1　感謝日記

感謝日記を毎日つける。または感謝できる出来事を唱えて寝る。

■ステージ2　目標設定

1年後、3年後、5年後のなりたい自分の姿を具体的に書き出す。

■ステージ3　新しいことに挑戦

どんなに小さいことでもいいので、新しいことに挑戦してみる。例えば、新しい料理を作るとか新しい本を読むなど。

■ステージ4　人間関係の構築

一期一会。

お世話になっている人に感謝の気持ちを伝える。

■ステージ5　時間を作る

自己成長のための時間を作る。読書、語学学習、筋トレ、ビジネス、自己啓発、開運行動など。

■ステージ6　健康的な生活

心身共に健康的な生活を手に入れる。バランスが取れた規則正しい食生活、適度な運動、深い睡眠、瞑想など。

■ステージ7　環境を整える

お部屋の掃除。整理整頓。不要なものを処分する。物、人、思考を整える。

メディチーナさんから教わったロードマップ。少しずつ取り組み、少しずつ変化を感じてきた私は、以前よりもポジティブな思考ができるようになっていたことにも気がついた。そして、新しい出会いが増えたり、目標達成への意欲が高まったりしている。この力こそすごいことなのかもしれない。

「前向きに行動できているとき、それはあなたのバランスが整っているとき」

というメディチーナさんの言葉を思い出した。

ルール 運は自分でコントロールできる！

あなたの潜在能力に気づき人生開花の扉を開く

「どうしよう…」

私の前には、テーブルに置かれた催促状があった。

クレジットカードのローン50万円をまだ払っていなかったのだ。

「ダメだ…私がいけないんだ」

それは、日頃の飲み食いや衝動買いで無計画にお金を使い、借金が借金を生んで膨らんでしまった金額だった。これなら未来の自分に向けて、エステや補整下着を買えたかもしれないのに…。

私、何やってたんだろう？

仕事では一定の評価を得たが、お金のことだけはどうにもならなかった。

「この間はありがとうございました。出会ったバーにはどれくらいの頻度で行きますか？　もし可能であれば、また会いたいです」

気がつくと、私はマスターに頼み込んでメディチーナさんの連絡先を聞き、メールをしていた。

「何かありましたか？　今日ならここにいます」

返事には、メディチーナさんのいる場所が書かれていた。

そこは想像以上の場所だった。

天井が高く、セレブも集まっていそうな場所だ。眺望ははるか彼方まで見渡せ、眼下には街のネオンが広がっていた。

「すごい…こんな夜景を見られるなんて幸せ」

遊園地に来た小さな子供のように、私が部屋のあちこちをきょろきょろ見ていると、メディチーナさんが夜景をバックに写真を撮ってくれた。

「ほら、すっごくよく撮れたでしょ？」

「本当だー」

そこには、いつもの自分とは違う、素敵な佇まいの自分が写っていた。なんだかこれからお金の相談をするなんて恥ずかしい気分になり、急に心がどーんと重たくなって暗い表情に変わってしまった。

「どうしたの？　急に元気がなくなった？　悩みごとでもあるの？」

気持ちの変化が隠しきれなくて、バレてしまった。

「実は、お金の不安が尽きないんです」

はっきりとは言えないから遠回しに相談してみた。

「どうしたいの？」

「え？　そ、そ、それは…」

借金があるなんて言えなかった。

「お、お、お金持ちになりたいとまでは思わないけれど、もっとお金に困らない生活をしたいです」

「あらら。もしかして借金があるとか？」

あっという間にバレてしまった。

「は、はい。実は…そうなんです」

「今のままだと、お金持ちになることを拒絶しているから、一生、お金持ちにならないわ。それと、お金に困る人生を創っていることになるから、自分の在り方を変える必要があるわね。まずは、潜在意識を書き換えるのと、貧乏神を追い祓うといいわ」

「び、貧乏神⁉」

うふふとメディチーナさんは楽しそうにほほ笑んだ。

「ど、どうすればいいですか？」

「貧乏神が憑いていてもね、お金には困っても健康でいられるから、みんな追い祓いきれないのよ。それに、神様でもあるから尚更ね。無意識レベルで貧乏神に感謝もしているものなの」

「え？　貧乏神に感謝ですか？」

「そう。でも本当は、貧乏神より福の神にご加護いただきたいわよね」

「そりゃまぁ……。でも神様って言われても……」

「**神様って目に見えない世界で、嘘か本当かわからないでしょう。実際は、波動の法則のことなの。**自分が発しているエネルギーによって引き寄せるものが変わるんだけど、貧乏神とか福の神に例えたほうがわかりやすいじゃない?」

「なるほど」

「どうしたら、貧乏神を消せるんですか? 福の神にしたいです」

「まずね、**お金に対するネガティブな思考や感情が貧乏神を引き寄せるの**」

「ネガティブ?」

「そう。さっき、お金持ちにならなくてもいいって言ったけれど、そんな発言をすると人生はその通りになるわよ。だから一生、お金持ちにはなれないの。自分で拒絶しているんだもの」

「え? でも、今、こんなにお金に困っているのに、これからお金持ちになれるとは思えません」

「そうかしら? 本当は自由に人生を創っていけるのに、自分で未来の可能性を閉ざしてしまっているのよ。でもね、これは、ジュンさんのせいではないの。私たちは、知らない間にそういう思考になっているだけなんだから」

別フロアのラウンジに移動し、メディチーナさんが細かに教えてくれる。

「日々のお金に対する思考や感情は、一つひとつがとっても大切で、思った通りに未来を創っていくの。特に潜在意識は、究極の自分の思い込みね。それが、現実化するから、まずは〝お金に困る〟という自分の在り方を変えていきましょう」

「どうやって変えるんですか?」

私には思いつかなかった。

「まずは、**お金持ちにはなれないだろうというネガティブ予測を止めるの。私はお金持ちになれる。お金持ちになっていいと自分に許可してね**」

「ああ。また、許可ですね?」

「そう。それから、**お金に困る人生から〝お金は無限、お金に感謝〟などお金**

に対していい部分にだけ光を当ててフォーカスするの」

「なるほど。〝お金は無限、お金に感謝〟か」

私のお金観が変わり始めた。

ルール 貧乏神を追い祓い福の神のご加護を受けよう

[*Chapter* 2]

お金の呪縛を解くべし

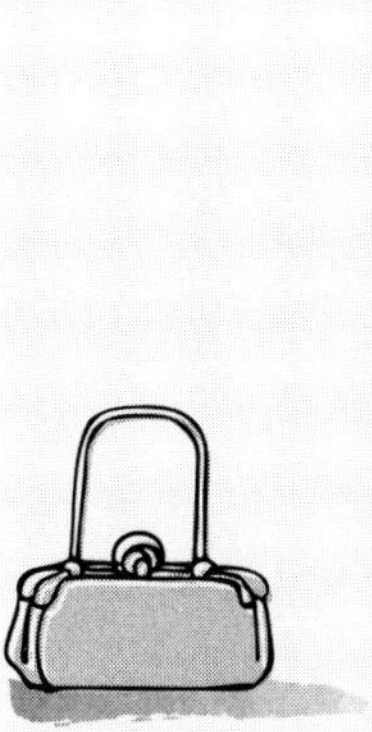

潜在能力を引き出そう

話題は、貧乏神から潜在能力の話になった。

最初は何を言っているのかわからなかった。それもそのはず。潜在意識は無意識、無自覚の世界だからということだった。

「**潜在能力とは、火事場の馬鹿力のような、自分の顕在意識では無理だと思っている不可能も可能にしてしまう内なる力のこと**。ジュンさんにも眠っている力がたっぷりあるわ。まずはその力が自分にはあるということを知り、受け入れることね」

また、許可が必要なんだ、と思っていると、

「こういうことが、自身の人生を意図するとか設定するというの。潜在意識を顕在意識に上げて、無意識を意識して言語化し、自分で自分を知る、つまり自

覚するということね。それがネガティブ設定ならポジティブ設定に書き換えるだけ。まずは、自分に次の3つの力があることを覚えておいて！」

1　あなたを幸せにする力

2　問題を解決する力

3　夢を叶える力

「私にもそんな力があるんですか？」

「そう。全ての人に備わっているの。これを知っているのか、知らないのか、意識しているのかで、人生は大きく差がつくというわけ」

「なんだか、すごいことを教わってしまった気がします。私、大丈夫でしょうか？」

「大丈夫よ。知らなくてもやっているものだから」

「知らなくてもやってる？」

「そう。すでにやっていることなのよ。ただしネガティブなほうにね。反省ばかりして、自分をダメ出ししたり、自己否定をしたりしていると、自分に自信がなくなっちゃうから気をつけてね」

「確かに。私の人生は日々、そんな感じです」

「大切なのは内なる自分の素晴らしさに気がついて、愛に満たされること」

「それにはどうすれば？」

「簡単よ。好きなことをすればいいの」

「え？　それだけ？」

「そうね。そして、自分を肯定するポジティブな言葉をかけてあげること。自分を褒めまくって生きるの。すごいことじゃなくてもいいの。例えば、今朝、朝ごはんをおいしく食べられたとか、朝、起きられたとか、電車に乗れたとか。本当に小さくて些細なことでいいの」

「そんなの当たり前なのにですか？」

「いいの。大切なことは、**自分を褒めて光を放って福の神を引き寄せることだ**

から。福の神は、感謝の習慣があり、心が豊かな人のところにしか来ないから、自分にダメ出しばかりしていたら、離れて行っちゃうの」

「なるほど」

「自分を褒めると自分が放つエネルギーの周波数が高くなって光になっていくの。電気がだんだん明るくなる感じ。そうすると本当にジュンさんのオーラも明るくなって輝いていくから」

「本当に？」

「本当よ。科学だから。電気がつく仕組みはわからなくてもスイッチを押せば明るくなるでしょう？　それと一緒。特にベッドに入ってから今日1日に感謝したり自分を褒めたりしてから寝るようにしてみて。睡眠の質も高まるから」

「なるほど、なるほど。心も安定しそう」

「そうそう。借金なんて関係ないの。心が安定しているほうが大切。どんなにお金があっても、不安があって眠れなくて辛い人もいるんだから」

それは怖い。

自分で自分の人生をコントロールしていこう。私はそう決めてメディチーナさんに感謝をして家路についた。

・好きなことをする
・好きなものに囲まれる
・好きな人と過ごす

まずは、気になっていたお店へ行くことにした。入ってみたいとは思っても、私なんかが行ってもいい場所ではないと入れずにいたハイブランドのお店。何度も店の前を行ったり来たりして、勇気を出して入ってみたけれど、やっぱり場違いな気がして、気まずくてすぐに外に出た。

次はデパート。素敵なものがたくさんあったけれど、結局、どれも高くて手が出なかった。でも、最後にデパ地下で大人気のスイーツを買って帰ってきた。いつものおやつよりは高いけれど、とってもおいしくて幸せな気持ちになった。

今まではやってはいけないと思っていた昼飲みもしてみたし、お昼寝にも挑戦してみた。

自分で自分を一番の恋人だと思ってデートに連れ出す。そんなメディチーナさんのアドバイスに従って、ときめく場所や、ワクワクする場所に一秒でも長くいるようにしてみた。最初は罪悪感があっても、すぐに笑顔になってしまう場所ばかりだった。

だけどこんなにもドキドキすることだとわかって、怖さも感じた。時折、昔の自分が顔を出して、今の幸せな自分にダメ出しをしてくるのだ。

いいの？　大丈夫？

贅沢すぎない？

無駄使いじゃない？

いろいろな声が聞こえてきた。

でも、罪悪感を持つと心が重たくなりネガティブに転じるので、なるべく、行動した勇気ある自分を褒めるように思考を変えるようにした。

ルール 自分を褒めてオーラを輝かせる

あなたのオーラは輝く

心豊かに過ごすことを心がけたけれど、抵抗する心が出てきてしまっているみたい。たしか、メディチーナさんとラウンジで話しながらメモしたノートがあるはず。振り返ってみよう。

▪ステップ1　アファメーション

なりたい自分を手に入れるための自己宣言文を呪文のように唱える。

▪ステップ2　イメージングワーク

なりたい自分を想像して日々喜びや感謝の感情に浸って生活する。

▪ステップ3　夢を叶えるノート

ノートにひたすら叶えたい夢を書き込む。

メモはしているけど、全然、やっていないことがあると気がついた。やることは簡単なようでも継続するのは難しい…。

「自分で自分に許可を出せたとわかる5つのサイン」

1　**不思議と、今よりも自分が好きになる**
2　**自分の良いところが見つかる**
3　**新しい自分に出会える**
4　**自分の才能が開花する**
5　**今まで以上に自分を褒めてあげられるようになる**

私は1と2にいる気がしたけれど、まだ3の新しい自分のことはわからない。翌朝から鏡に向かって新しい自分に出会うためにアファメーション文を作って唱えることにしよう。

私は幸せになっていい。

私の夢は絶対に叶う。

私は幸せになっていい。

私の夢は絶対に叶う。

私は幸せになっていい。

私の夢は絶対に叶う。


なんだかやっていて、恥ずかしい気持ちになったし、まだ具体的な夢も思いつかない。でも、鏡を見ながらやるんだし、どうせやるなら明るく笑顔で、恥ずかしくても幸せな未来のために実践しよう。


「あれ？　ジュン」

久しぶりに行きつけのバーへ行くと、マスターが目を輝かせて、

「なんかいいことあったの？」

と聞いてきた。

「何も？」

「随分とお肌が綺麗になってる。明るくなったね？」

え？　明るくなった？

もしかして、オーラが明るくなっているのかな？

お肌は毎日鏡を見ていた効果だろうか？

何もしていないのに褒められて不思議だった。

ルール　心は外見に映し出される

お金の呪縛を解くべし

オーラは明るくなったかもしれないけど、現実の世界で借金は減らない。

今月もお金が足りない。

日に日に家計が苦しくなっていく。

ドヨーンとした気持ちで会社に行くと、同僚のともこに注意された。

「あなた、そんな暗い顔して、陰気臭いオーラを放ってると貧乏神が来るわよ」

ヒィ――――。ともこにも貧乏神が見えるのかな？

私は、今、貯金もなく、やりたいことも見つからない。あるのは借金と将来の不安だけ。メディチーナさんと出会って堪えていた愚痴も同僚の前では抑えきれず、ランチタイムは愚痴大会となった。

「貧乏神って追い祓ってもまた戻って来るし、貧乏神が複数憑いている人もいるらしいよ…」

ともこにこう言われ、それじゃ、このまま借金地獄から一生、抜け出せないかもしれない。私は苦しくてはち切れそうになった。

やってられない。

こんなことやっても私の人生が変わるわけがない。オーラなんてすぐに元に戻っちゃったし、オーラを明るくしたって借金は減らなかった。私はやさぐれて、メディチーナさんの話を疑い始めた。

家に帰ると、ストレス発散にノートを破いて捨てようと思ったが、そこに書かれた一文に衝撃を受けた。

お金は無限

何これ。殴り書きだが補足もあった。

この世にお金は生み出せる　お金は増えている

私はノートを見ながらソファーに横になった。そして、よくわからないけれど、その言葉を見たとき、なんだか急に世界がひっくり返ったような気分になった。お金が無限なんて信じられないと思いつつも、その言葉が頭の中に残ってループする。

——もしも、本当に、お金が無限にあるんだったら、そのお金、私のところに来てくれないかな。そうしたら、借金を返済したい。そしてできれば、好きなお洋服を買えるようになりたいんだけど。雑誌に載ってるような、いつもは高くて買えない素敵な服。これが買えるような人生にならないだろうか？　と思った。

そんなの無理だよね、といつもなら否定するところ、この日はそのままソファーで、うとうとと眠りについた。うたた寝をしながら見た夢はメディチーナさんとのお買い物のシーンだった。

その夢で、メディチーナさんは、こう力説していた。

「運が良くなる『お金の使い方』を教えるわね！」

・お金を使うときは、喜びや感謝の気持ちで使うこと
・手に入れたものには、感謝し続け触ってあげること
・放っておく、触らないなら負のオーラを放つので捨てること
・妥協したものは買わないし、持っているなら捨てること

私の部屋には、着ていない白いシャツが100枚以上あった。そしてその白シャツに埋もれて苦しんでいるシーンで目が覚めた。

はー。びっくりしたー。

起き上がって部屋を見回して白シャツが100枚もないことを確認する。そしてもう一度ノートをみると**手に入れたものたちに対する礼儀の鉄則が書かれていた。**

「愛」「喜び」「幸せ」の感情に浸って、感謝する時間を作ること

お風呂に入ってやってみた。「私の家の全てのものたちに感謝である」と抱き締めているイメージを持つと、体もぽかぽかと温まって今日はぐっすりと眠れそうな予感がした。

その晩、お布団に入ったら今日の自分を褒めてみた。えーっと…。

朝、きちんと起きられた。

遅れることなく電車に乗った。

職場に行ってしっかり仕事をした。

ゆっくりとお風呂に入って自分をいたわった。

…なんだか結構いい感じじゃない？　やっぱりメディチーナさんの教えを継続してみよう。

感謝。

感謝。

感謝。

そう言って眠りにつき、再び夢を見た。

ペルーのパワースポットのマチュピチュにいる。古代文明に思いを馳せるとお金に縛られていた自分が解放されていく気持ちになった。

お金は人を苦しめるもの？

お金に対するネガティブな思考が浮かぶたびに、自分の周りに巻かれているチェーンが外れて体が軽くなっていく。

どこからかメディチーナさんの声が聞こえてきた。

「大切なのは、ジュンさんが何をしたいのか。それを実現するために、必要なお金はいくらでも入ってくるわ。お金は空気と一緒」

マチュピチュの空気はキラキラと光っていて、私はそれを吸い込んだ。そのキラキラを金だと思い、いっぱい吸い込みすぎてむせてしまった。隣でメディチーナさんが天使のような姿で笑っている。

私も一緒に笑って、空気だったら頑張って吸わない、自然に呼吸しているのは無限にあると信じられていたからだと気がついた。お金も無限。空気と一緒だから、循環している。もう心配するのは止めよう。そう思うとまた鎖が解けていった。

メディチーナさんの声がまた聞こえた。

「お金というのは、エネルギーであり、ひとつの愛の形でもあるの。この世界の9割は、そんな目には見えないエネルギーが影響している。だから、お金の使い道を意図して変える。そうしたら、当然、現実が変わり運気も変わる。お金は入ってきて当たり前の人になるのよ」

夢の中で、目の前に10万円分の金塊。

100万円分の金塊。

1000万円分の金塊が積まれた。

私は、この数字にとらわれている。

お金の量にもとらわれていた。

そのお金を稼げるとか稼げないとか、使えるとか使えないとか。

だけど、それらは、本当は、バニラか、チョコレートか、ミント味か、どのアイスクリームを選ぶのか?ということと変わらなかった。


すごい夢だった。

よし、お金の呪縛から解放され、真なる豊かさの循環の世界に一歩足を踏み入れてみよう。

今まで、無駄に買っていた、ときめかないものは買わない。

部屋にあったいらないものは捨てる。
お気に入りでも1年以上触っていないもの、着ていないものは捨てる。
ゴミ袋が8袋になった。ものが少なくなった部屋は3倍大きく感じた。

それから3日後、会社に行くとアパレルの展示会があり、新作がみんなにプレゼントされた。私は、欲しかった服を引き寄せたことに大感動して感謝した。

ルール 必要なものは全て入ってくる

直感に従う

それから2カ月後。

行きつけのバーにメディチーナさんが、久しぶりに現れた。

「ご無沙汰しております。おかげ様で、最近少しずつ変わって、自分のことも好きになれてきた気がします」

「それはおめでとうございます」

「でも、実は、収入が増えたわけでも借金が減ったわけでもなくて、お金の問題は解決できていません」

「そうよね…エネルギーと物質化現象には時差があるの」

「時差ですか?」

「そう。**今の現実は過去の自分が創っていて、今の自分は未来を創っているの。**

だからすぐに現実化するとは限らないのよ。それにエネルギーは繊細だから、否定したらすぐに叶うものも叶わなくなる。海辺の砂浜でお城を作っているようなものなの」

「ええええええ」

「だから、本当に継続は力なりよ」

「わかりました。でも、そうだとしたら、私はやっぱり、このまま一生お金に困ってしまう人生なのでしょうか？」

「そうやって疑っている今のままならね。でも、ジュンさんの人生を創っているのはジュンさんだから。いつからでも変えられるわ」

「いつからでも変えられる？」

「そう。ジュンさんの直感に従って進むのよ。好きなことをして、夢中になることだけをしてみてね。楽しいこと幸せなことは何？」

「私の好きなこと…ファッションかな？ いろいろなお洋服を着回したり、考えたりするのが好きです。あとは…お花」

「それなら、今の生活でも叶いそうじゃない」

「え？　今の生活で？」

「そうよ。お花も直感に従って買ってみたら？」

「でも、夢はお花に囲まれて暮らす生活なんです。今のままではお金がないからそんなにたくさんのお花も買えないだろうし…」

「だから、疑わないの。そして、ネガティブに決めつけないの。それ悪い思考癖よ」

「思考癖？」

「そう。気がつかないと、なかなか直らないから気をつけてね」

「はぁ。ネガティブ思考ってことですよね？　結局、私はネガティブ思考なダメ女なんです。このままだったら本当にダメダメですよね？」

「違うわよ。ネガティブ思考でもいいの。**成功者の大半はネガティブ思考よ。ネガティブ思考は悪いことではないの。気づきをもたらしたり、危険を察知したり、それも直感に従ったセンサーが働いている証ね。成功者はうまく活用して**

いるの」

「活用って？」

「例えば、雨が嫌いという人がいても、その雨が降らなければお野菜も食べられなくなってしまう日が来るわけでしょう？　雨は絶対に必要じゃない？　雨が降らなかったら干からびちゃうんだから。でも、雨が降りすぎてもダメよね？」

「確かに……」

「結局、**何事もバランスなのよ**。だから、ネガティブ思考になったら、そこから何を学んだらいいんだろう？って気がついて、ポジティブに転じさせるの。ネガティブにはどうせなるから、自分はポジティブに戻すように意識すればいいだけ。ネガティブにも感謝するのよ」

「ネガティブにも感謝？　そうしたら私の悪い思考癖にも感謝ですか？」

「その通り。**いいことにも悪いことにも感謝するの**」

「そんなことできるかな？」

「騙されたと思ってやってみて」

直感か…。

私はバーに飾ってあるお花を見て、花びらを触りたい気持ちになった。カサブランカの香りも好きだけど、花びらのビロードのような質感も好き。お花…お花がある暮らしがしたいかも。お花を眺めたり、香りを嗅いだり、お花が家にあるだけでテンションが上がって幸せな気持ちになる。

翌日。早速、私は自分の直感に従い、前から行きたかった職場のすぐ側にある素敵な生花店へ足を運んだ。

「ん〜、いい匂い…」

いろんな花を吟味していると、ある男性店員が私をジッと見つめてきた。

「ん？　あれ…？　どこかで見たことが…あ！」

私が声を上げたと同時に彼もまた声を上げる。

「ジュン…やっぱりジュンだよね⁉」

なんと目の前には高校時代の同級生、八木蓮《やぎれん》が立っていた。

「久しぶり」

14年ぶりの再会に、私は戸惑ったが、それ以上に驚いたのは、彼が、すっかり大人の男性へとカッコ良く変わっていたことだった。ドキッとしてそそくさとお店を出た。

ルール 自分の好きを大切に高波動が幸運を引き寄せる

良縁を引き寄せ人間関係で開運の扉が開く

帰り道、私は明らかに動揺していた。

高校時代、蓮はクラスの人気者だった。いつも彼の周りにいたのは、キラキラとした男子と女子たち。私は、それを興味のないふりをしながらも、どこかで憧れていた。

「いっつも暗い顔してんな。メガネ取ったほうがいいよ」

「うるさい！」

卒業間際、彼にからかわれて、密かにコンタクトデビューをしたけれど、特に誰からの反応もなく、少し心が傷ついたのを今さら思い出した。なんだか、高校時代の劣等感が蘇ってきてテンションが下がってしまった。

直感に従ったのはいいけれど、こんなトラブルが勃発して、昔の嫌な記憶が蘇ってしまった。しかも、あの生花店、気になってたのに、もう行けない。

しかめっ面で、最寄り駅まで考え込んで歩いていた。

ドカッ。

痛い。

道を歩く人にぶつかってしまった。

ああ。ついてないっ。なんだか、悲しくなった。あー。もうどうしよう。他に素敵な生花店なんてあるかな？ 私はすぐに自分の好きという道が閉ざされた気がした。

電車に乗りながら、スマホを片手に素敵な生花店を検索してみた。すると「お花に囲まれガーデニングでカフェしませんか？ 女子会にオススメ」というお花だらけの素敵なガーデニングの写真が出てきた。

生花店ではないけれど、すぐに心がときめき行ってみたいという気持ちになった。

「そうだ、3秒ルール。すぐに予約しなきゃ」

と直感で申し込む。しかし、申し込みの案内を読んで、青ざめた。私は慌てて予約を入れたので、カフェではなくて、そこで開催されるパーティーに申し込んでしまったのだ。

すぐに、その詳細を調べてみると、なんと、50人ぐらい集まるパーティーだった。しかも、ひとり3，000円だと思って申し込んだ席料は、1桁間違えて30，000円だった。


私、なんてことしちゃったのかしら？


すぐにキャンセルしよう。

ところが、電車は会社の最寄り駅に到着してしまった。キャ、キャ、キャンセルと、心がバタバタしているけれど、職場に向かわなければならない。

どうしよう。

仕事中も気が気でない。

でもこの胸の高鳴りはなんだろう？

そうだ、**人生は一度きり。**

一生に1回、自分にプレゼントしてもいいか。

3万円。借金もあるけれど、どうせ、それくらいなら死にもしない。

私はだんだんとそのパーティーに行きたい気持ちがあふれてきた。

どうしよう。どんな服を着て行けばいいんだろう？　頭の中で大好きなファッションショーが繰り広げられる。幸いキャンセルまでは少し余裕があるし、数日考えることにしよう。

家に帰ってクローゼットをひっくり返す。ときめかないものを手放したばかりなので、だいぶ洋服は減っている。ガーデンパーティーのイメージと一致するような洋服は持っていない。そりゃそうだ。今まで行ったことなんてないんだから、そもそもそんな服はなかったんだった。

残念だけど、諦めるしかないかな。

結局、3万円のパーティーなんて私にはまだ早いってことね。

キャンセルしようとスマホを捜すと、成人式で着た振袖があったことを思い出した。タンスの肥やしだけど、捨てようにも捨てられなかった思い出深い振袖だ。これなら正式な晴れ着だからセレブの中でも通用するかも。私は慌てて、振袖の着方を検索した。

いろいろな振袖の着方の動画を見たけれど、わかったのは自分ではとても着られそうにないということだけ。

…でも諦めたくない！

そういえば、ともこが以前、着物でお出かけしたって話しをしてたような…。

明日、相談してみよう。

「ねぇ、ともこって着付けできるの？　前に着物でお出かけしたって話してたよね？」

「私はできないよ〜。でも友達が日舞を習っててね。それで着付けしてもらったんだ」

「そうなんだ。お願いがあるんだけど…」

「なぁに？」

「振袖を着たいんだけど、お友達に着付けをお願いできないかな？」

「わぁ、振袖着るなんて素敵！　振袖の着付けって高いしね。友達に聞いてみるよ」

「ありがとう〜！」


家に帰ってひと息ついていると、ともこから友達が着付けをしてくれるというメッセージが来ていた。

よかった〜。

気前よくともこが動いてくれたのは、お互いに上京組でいつもお金の節約情報を交換していたからかもしれないな。

ルール　いつもと違う新しいことに挑戦しよう

[*Chapter* 3]

幸せへの
メッセージを
逃さない

良縁を引き寄せる方法

ついに迎えたパーティーの日。

「すごい。綺麗なお庭……」

一歩足を踏み入れて、私は全身で感動した。そこには、想像をはるかに超えたガーデンが広がっていたのだ。その広さは、サッカーのグラウンドぐらいあって、色とりどりのお花が咲き乱れていた。なかでも、ひと際目を引いたのが、アーチ状に飾られた薔薇だった。

「ようこそ、いらっしゃいませ」

係の人たちも笑顔で出迎えてくれて、ひとりで参加しても居心地の良い空間が作られていた。来場者も、気品あふれる人が多く、年配の方でも、髪の艶もお肌のハリも良く、私以上に若々しいのが見てとれた。

「今日は楽しんでいってください」

あちこちで乾杯の音が鳴り響いていた。お店の人からシャンパンが注がれて、周りの人たちと笑顔で乾杯をした。みんなと笑顔で挨拶を交わすと、まるで結婚式場にいるような気分になった。

一部の人たちは、私でも一目でわかるようなハイブランドのものに身を包み、同じように振袖の人たちもいた。所作が美しい。私は成人式以来だったが、ここには振袖を何度も着ている人たちの世界があって驚いた。

「よくいらっしゃるんですか？」

1人の男性が私に話しかけてきた。

「いえ。初めてなんです」

少し小さな声で返事をした私。お互いに自己紹介なんて、私は慣れない場に緊張しっぱなしだった。

その男性は、輸入業を営む若手社長で海外生活に憧れ、語学にお金をかけてきたそうだ。外国人もちらほら参加していて、私は英語ができないから、なるべく目が合わないようにしていた。しかし、外国人こそ私の振袖を褒めながら話しかけてくる。みんな、日本語がペラペラなのでもっと驚いた。外国人なのに男性の着物を着て参加され、日本でお茶を習っている人もいた。他にも、日本で上場するベンチャー企業の若手社長がいたり、有名な漫画家が参加したりしていた。

なんだか、才能あふれる人ばかりで気後れしてしまう。ここにいるセレブたちは、普通に過ごしていたら絶対に会えないような人ばかり。お金の匂いがプンプンする人もいる。当たり前という常識が違う世界。私は、別世界に飛び込んでしまったようだ。

たくさんの人と挨拶を交わすにつれ、誰に対しても、自分は何をしている人なのかを伝えないといけないことがわかった。私はお花が好きだから直感でここに参加したという話をすると、このパーティーにはお花が好きな人が集まっていて、それだけでも話が盛り上がった。

最後のほうで、優しそうな背の高い男性が現れた。

「はじめまして。お着物、綺麗ですね？」

「はじめまして。ありがとうございます」

「今日は、どうして来られたんですか？　どなたかのご紹介ですか？」

「いいえ。お花が好きで、素敵なガーデンの写真を見たときに、どうしてもここに来たいと思って直感で申し込んだんです。将来的にはお花に関わるお仕事とか憧れていて、お家にもお花のある生活がしたいと思ってて…」

「実は今、人手不足で…。初心者大歓迎なので、働いてみませんか？」

その男性はこのイベントの主催者で、このガーデンのオーナーだったとわかった。

「ただし、お花の仕事って、泥臭いことも多いし、朝も早いし、綺麗なだけじゃないから…。肉体労働とかはできないですよね？」

「え、あ、むしろ、泥臭いことや肉体労働なら任せてください。私、お嬢とかじゃないので」

自分でも余計なことを口走っているのがわかったけれど、アルバイトとして挑戦してみたいと思った。

ルール　セレブな人生は自分で創っていける

ソウルメイトは引き寄せられる

アルバイトの面接の日に、オーナーから指摘されたことは3つあった。

1　挨拶
2　報連相（報告・連絡・相談）の大切さ
3　笑顔

それを聞いて、これは全部共通している気がした。つまり、自分のことだけを考えるのではなく、**相手の立場を尊重する**ことだ。派遣の仕事で心がけていたことでもあるので、それならできる気がした。

金曜日の夜だったので、いつもの行きつけのバーに立ち寄ってみた。メディチーナさんがいる。ラッキー。近況報告をして、好きなお花の仕事が舞い込んできた話をした。

「すごいじゃない！」

メディチーナさんはすぐにシャンパンをオーダーし、私をお祝いしてくれた。そして、「笑顔」が引き寄せの魔法にも効果的なことを教えてくれた。

「笑顔には、良縁を引き寄せてくれる効果があるの。そして金運も」

「え？　金運もですか？」

「そう。だって、お金って人間以外は運ばないからね。猫とか鳥がお金払うなんてことはないでしょう？　どんなにシステム化されていてもその向こうにいるのは人間なの」

「なるほど！」

「他にも、人に好印象を与えるだけでなく、自分自身への見返りもあるわ。例えば、顔色がよくなるの。これは血行がよくなっている証拠」

何度も笑顔を作っていると確かに血行がよくなっていく気がする。自分の笑顔によって体も温まるし、健康にもつながるのは本当だと思った。

メディチーナさんは6つの笑顔のルールを教えてくれた。

1 笑顔は嘘でもよい
2 割り箸を横にくわえて口を横にニーッと開く
3 口角を上げる
4 目を大きくする
5 深呼吸をして愛の球が胸の中で回転するイメージ
6 オーラから愛のエネルギーがあふれるイメージ

全身全霊を使った笑顔。意識してやってみようと思った。するとメディチーナさんは続けた。

「これは、知らずにやるよりも、意識してやったほうが効果は高まるの」

「そうなんですね」

他にもいろいろと効果があるようだがまとめるとこんな感じだった。

・メンタル強化
・邪気祓い
・良縁の引き寄せ
・人気者になる
・健康法
・愛にあふれる

笑顔ひとつですごい開運になることがわかった。

その夜、笑顔人生の夢を見た。

私が笑顔で歩いていると、町中で可愛い赤ちゃんが笑いかけてくれた。平日のランチタイム、笑顔の赤ちゃんに手を振り返すと、小さな幸せのボールを投げてきた。私はそれを手で掴むのではなく、口でキャッチして食べていた。

「あれ？　こんなところにおいしそうなお店がある…」

早速、その知らないお店に入ると、大当たりだった。

「んん～、おいしい！」

人気店だった。この出汁巻き卵定食は絶品だわ。おいしさを大満喫して、満面の笑みで頬張った顔が写真に撮られて雑誌へ掲載された。

「嬉しいね～。そんな笑顔で食べてくれると。ほらサービス。帰りにやっといで」

お店の店長さんが、いきなり、私に商店街の福引券をくれた。すごい。私のテンションは爆上がり。ニコニコで福引会場に向かうと、すれ違う人たちがみんなニコちゃんマーク人間だった。気にせずくじを引くと、

「大当たり～！　1等賞。おめでとうございます」

一番上には特賞があって、それは逃してしまったけれど、商店街の福引で1

等賞が当たったのは初めての経験だった。受け取ったのはニコちゃんマークのクッションだった。

目が覚めて、気持ちのいい夢を見たなと思った。笑顔の影響力はさぞかし大きいのだろうと感じた。

ルール 笑う角には福来る

セレブのお友達はなぜセレブ

私は、メディチーナさんから聞いた出会いの奇跡の話が好きだ。

この人生で出会う人の数を3万人としたときに、すれ違うだけでなく、会話を交わす人が3000人。更に近しい距離になる人が300人。よく遊ぶ人が30人。本当の親友と言われる友達が3人。

つまり80億人近くこの地球に人がいる中で、わずかな人たちとしか会わない奇跡。

本当に一期一会だと思う。


そしてソウルメイトという存在も教えてもらった。

ソウルメイトに敵はいないらしい。どんなにライバルであっても必ず、お互いに成長し合っているという。つまり、私が嫌いな人でもソウルメイト。これは嫌われ役を演じてくれているありがたい存在なのだ。

嫌いということは好きの裏返しで、本当に嫌いというのは、感情すら動かない無関心な相手のことをいう。

だから気になる時点で惹かれている証拠。好きな人や、価値観が似ている人は、気が合う。つまりは、周波数が似た者同士。自然体で過ごすことができたり、居心地が良い相手だったら関係性も長持ちするという。

私はメディチーナさんから教わった話を復習しながら、アルバイトすることになったガーデンへ初出勤した。早朝で清々しい気持ち、空気もおいしい。そして、ひとたび、ガーデンに足を踏み入れると、素晴らしさで胸がいっぱいになる。

あーなんて幸せなんだ。

それから笑顔を意識して、スタッフのみんなに挨拶をした。

「ジュンさんは笑顔が素敵ですね」

ありがたいことに、オーナーに笑顔を褒められると、ますます顔がほころんだ。

私は生まれも育ちもセレブとは縁が遠い。

だけど、メディチーナさんに教えてもらったように、セレブな人生は自分で創っていけるということを心に刻んだ。期待に胸が膨らむ。私は、これからお花と共に、心豊かになって、そして、お金持ちに生まれ変わる！　理想の人生は、オーナーのようになることだ！

ガーデンでのアルバイトをしているうちに、セレブの友達はなぜセレブばかりなんだろうと思った。自分のどんなところを磨けばセレブの仲間入りができるんだろう？　私は、ガーデンのパーティーやカフェに集うセレブたちを観察することにした。

そこでわかったことがある。

1　才能やスキル

多くのセレブが、一人ひとり、何かしらのタレント性がある。これは目立っているということではなくて、特徴とか特技があるという意味だ。それはたったひとつでもあれば、それでいい。人それぞれ、音楽、映画、ビジネス、スポーツ、アートなど何かの分野で、少しでも優れた才能を発揮していると成功者の仲間入りをしていた。

2　情熱と努力

セレブの多くは、成功を収めるまでに多大な努力を続けてきた人たちだ。ビジネスやキャリアのために膨大な時間とエネルギーを注ぎ、夢や目標に向かってあきらめずに邁進する力があった。

3　中心とつながる強さ

ビジネスやエンタメの世界でも、影響力が強かったり、権力を持っていたりする人が存在する。セレブは不思議と、そんな影響力のある人たちとつながっている。中心人物や権力者を嗅ぎ分ける力が洗練されていた。

4 ビジネスマインド

お金を稼ぐことを当然のように考えている。お金の使い方が上手で、お金を増やす情報にも敏感だ。新しいものや新しいことにも果敢に挑戦して、失敗を恐れないビジネスマインドをしっかり持っている。セルフブランディング能力も高く、セルフプロデュース力や、時間管理能力にたけていた。

5 タイミングと運

タイミングや運も実力のうちというが、おいしいところはセレブたちが持っていく。偶然にも強い。本当に運がいい。くじ運がいいとか引きが強いなど、おいしいところは全部持っていくイメージ。しかし、それ以上に社会への恩返しをしているのが一般人との違い。偶然のチャンスや運命的な出会いをきっかけにステージアップしていた。

6 本物には本物が集まってくる

セレブにはセレブが集まるだけでなく、本物志向、高級志向が集まってくる。着こなしや身のこなし、マナーなどもエレガントで気品にあふれている。プレゼントもハイブランドのものだけでなく、お互いをよく知り、喜ばれるものを厳選して与え合っていた。

自分にはどんな素質があるだろう？

私は考え込んでしまった。

ルール　与え合う人の輪に入ろう

好きが引き寄せパワーを高める

ガーデンでのアルバイトが始まってから1週間。薔薇を手に取ったこともなく、茎の切り方もわからない私へオーナーは一つひとつ丁寧にやり方を教えてくれた。そして、私は、捨てるはずのお花たちを家に持ち帰り、家でも自主練をした。

そんなある日、パーティーで知り合った男性から連絡があった。私はガーデンでアルバイトを始めたことを伝えた。すると男性は会社の祝賀会があるからお花を生けてくれないかと依頼してきた。お花を生けられるような腕はないけれど、こういう形でオーナーの役に立てることはうれしい。

3カ月もすると、ガーデンのオーナーからパーティーに使う花の仕事で人手が足りないから働く時間を延長できないか？　と聞かれた。

「もちろんです！」

「これからパーティーのお花を取りに行くから、車に乗ってくれる？」

いよいよ私もお花を生けるお手伝いができるようになるまで成長したのかと思うとワクワクした。

仕入先ってどんなところなんだろう？

お花がいっぱいあるんだろうな〜。楽しみ！

なんてウキウキしているとオーナーに声をかけられた。

「着いたよ」

「…ここなんですか？」

「知ってたのかい？」

知ってるも何も、ここは蓮の働いている店！

どうしよう。ドキドキして蓮のいる店の敷居をまたぐことになった。どうやら蓮はお休みのようだった。そして、奥から出てきたのはダンディな髭の生えた年配の男性だった。

「いつもありがとう」

オーナー同士親しそうに話している。

お花を車に運びながら、オーナーが私に教えてくれる。じつはそのダンディな男性はオーナーを育ててくれた師匠だった。

なんというご縁！

その店から、薔薇のフラワーアレンジメントがどっさりと納品された。もしかしたら、このどれかを蓮が作ったかもしれないと思うと、ドキドキが止まらなかった。その中には、一際目立つ虹色の薔薇があった。

「これ、すっごい綺麗ですね？」

「そうなんだよ。この店は、この虹色の薔薇を育てる花畑も持っているんだ。まるで天国みたいなんだよ」

「すごーい。行ってみたーい」

そんなオーナーの話に私はときめき、あのお店のセンスの良さがすぐ理解できた。


私は、自分のフラワーアレンジメントの腕をもっと磨こうと、派遣先のアパレル会社に飾られているお花を少しだけアレンジすることにした。勝手にいじったらダメだと思って、ほんの少しだけ。同じ場所でも、ほんの少し角度を変える程度だ。それでも、お花がイキイキと蘇るように変わる瞬間がたまらない。そんなふうに毎日、お花をちょこちょこいじっていたら、ある日、課長に声をかけられた。

「山中さんは、お花が好きなの？」

「はい」

どうしよう？　バレてた…。

「そうか。実はこの部署では、定期的にお花を注文していたことがあったんだよ。だけど、世話をしていた女性社員が辞めてしまって、それ以来ストップしたままなんだ。よかったら、それを世話してもらえないかな？　できそうなら定期便を再開してみようと思うんだが？」

「ええ。喜んで」

なんて、ラッキーなんだろう？

それなら、堂々と、大好きなお花の面倒をみられる。これぞ引き寄せだとガッツポーズを取った。

ルール　魂の声を聞いて好きに集中してみよう！

持ちものをハイブランドに変えられるか

帰宅すると高校の同級生の沙織《さおり》から連絡が来ていた。久しぶりだ。沙織は4年前に結婚して、2児の母だった。たまに連絡をとっていたけれど、会う回数はめっきり減っていた。

「元気だった？　どうしたの？　突然」

「あのね…今度、高校の同窓会があるみたいなんだけど、ジュンも一緒に行かない？」

同窓会と聞いて、私は言葉に詰まった。蓮のことが頭に浮かんで思考が停止したのだ。

「ジュン？　どうかな？」

「あ、うん。一緒に行こうか？」

なんだか、乗り気はしなかったけれど、沙織には会いたかったので付き合うことにした。どうせ、蓮は来ないかもしれないし、来たとしても、私になんて興味はないわけだから無関係だ。

大丈夫。元気出して行こう！

私はお花の仕事も始めたし、順調だ。前向きに考えよう。

「よかった。みんな来るみたいだよ。ほら、蓮くんとかのグループも」

沙織の一言で、私の心が凍った。行くと返事をしたことに後悔した。ただ、今更それが理由で行かないなんて言えないし。

どうしよう…。

また、自分で悩みを作ってしまった。

うまく断れない自分の性格に嫌気がさしながらも、早速、クローゼットを開けて、数少ない服を見回してみた。大好きなファッションショータイム。

久しぶりに会う友達には素敵な自分となって会いに行きたい。

しかし、今度こそ、着ていく服がない。ピアスも髪留めもアクセサリーも百均で買ったもの。カバンは1500円くらいのファストファッションのお店で買ったフェイクレザーのもの。

心ときめかないアイテムは手放すようにしたのに、なぜこんなにも残っているんだろう？　残っている安物たちも、私の心を反映するように意気消沈していた。前から持っていたブランドもののバッグやアクセサリーは、借金返済のために、全て売却してしまったんだった…。

私は、どんな安物でも関係ない。私自身が輝けばエレガントに大変身できると信じようと思ったけれど、そんなカッコイイ女性は、とっくにモデルやスターになっている。着こなし上手になるにはアイテムも少なすぎるし…。

ブランドなんていらない。
ブランドなんていらない。

ブランドなんていらない。

私は取り憑かれたようにブランドを拒絶して、私は今のままでも大丈夫だとアファメーションを唱えた。だけど、なんとなくイライラして心に穴があいたような気持ちになっていたので、行きつけのバーに出かけることにした。


バーにはメディチーナさんがいた。

「お久しぶりです。3カ月ぶりくらいですね」

「そうかも。元気だった?」

メディチーナさんは相変わらず元気で側にいるだけでいい香りがする。

「どこかに行ってたんですか?」

「そうなの。カンヌ映画祭に行ってたの」

「カンヌ映画祭?」

「レッドカーペットを歩いてきたのよ」

「それはすごいですね。スターたちの世界じゃないですか」

「そういうイメージはあるわよね。あのレッドカーペットの向こうではそのまま一緒に映画を見るの」

「え？　あれってそのまま一緒に映画を見てるんですか？」

「そうなの。映画監督と出演者と一緒にね。それで優秀作品とかが決まるのよ。日本でも、映画公開の日だけ出演者が舞台挨拶したりするじゃない？」

「はい。ありますね」

「あんな感じ。テレビで放映されるよりも、たくさんの映画がノミネートされてて、役者の挨拶がない映画とかもその期間、何回か放映されるから、レッドカーペットではない映画もいっぱいやってるの」

「その中でレッドカーペットを歩いたんですか？」

「そうなの。人気の映画やレッドカーペットは、チケットがすぐに売り切れてしまうからなかなか取れないの」

「すごい世界ですね」

「幸い私は、日本の芸能人主催のパーティーや、タイの王女が参加されるパーティーなどのチケットも取れて、10日間毎日、レッドカーペットを歩いて来たの。大変なのもわかるでしょう?」

「わからないけれど、なんか、わかる気がします」

写真を見せてくれた。別世界でドレスも衣裳という感じ。私には、着ていく機会もないようなものだった。

「私は、こういう世界とか、ブランドものとかはいらないかな…」

私は言う必要もないことを言ってしまった。

「わかるわー。昔の私も同じ考えだったから」

「え?」

「メディチーナさんは昔からこういう世界にいたんじゃないんですか?」

「違うわよ。私こそ、こういう世界を毛嫌いしてたの。パーティーなんて好きじゃないし、派手なのも好きじゃないのよ。ブランドものだって見栄っ張りが持つもののイメージなのかな。初めて買ったときに宣伝費がのっかってるから高いんだとか言われて、不快な気持ちになったこともあるわ」

「誰がそんなこと言うんですか？」

「昔の彼氏よ。派手なタイプは嫌いだったみたい」

「確かに。と言っても私は地味で質素でもモテませんけどね」

「何言ってるの。これからよ」

「でも、どうして今は、そういう世界にいるんですか？」

「**私、運気を上げようと波動の高いところに身を置くことにしたの**。そうしたら、最終的にこうなったというわけ」

「波動の高いところ？」

「そうよ。セレブたちはすごいからね」

「何がすごいんですか？」

「やっぱりオーラが違うのよ」

「メディチーナさんもオーラありますよ」

「ありがとう。でもね、何千倍もすごいのよ。パワーもらえるわよ」

「そうなんですね。いつか行ってみたいです」

「そうよ。行きましょう。あと、これ、お土産。この間は、本当に素敵なお花をどうもありがとう。あのおかげでお花からもパワーもらえたわ」

フラワーアレンジメントを習いたての頃、練習とお礼を兼ねて私は、バーのマスターとメディチーナさんにお花をプレゼントしていた。

「これはフランスのおいしいソースよ。あと私、お財布を新調したの。これまで使っていたお財布いるかしら？　でも、ブランドものだから、さっき、いらないって言っていたわね？」

ドキ！

「金運財布なんだけど…」

金運財布とは、縁起物だ。お金持ちからもらったお財布には金運がついているから、それをもらえる人にも金運が上がるといわれている。以前メディチーナさんに教えてもらった。

「欲しいです！」

つい、力を込めて大声になってしまった私に、メディチーナさんはほほ笑んだ。

「では質問です。ジュンさんは、さっき、ブランドものはいらないと言いました。でも、私が100円で買ったカバンかブランドもののカバンをあげると言ったらどちらを選びますか？」

「ブランドものです」

うふふ。メディチーナさんはまた笑った。

「結局、ブランドものを買える人は、そもそもそんなことにはこだわっていないの。欲しいも欲しくもないも言葉に出ないの」

「私は、買えないから、すぐに欲しいと言った…」

「いいのよ。それで。素直にいいものと受け入れて」

「いいんですか…？」

「**大切に扱われているものの周波数を身にまとうと、あなたが大切に扱われるようになるわ。**値段じゃないの。扱われ方。**本物はすぐにダメになるからこそ、**

大切に扱う必要があるの。安くてもビニールとかのほうが雑に扱っても雨に濡れてもよっぽど長持ちするわよ。でも、安物を身にまとうと品格を落として雑に扱ってくださいっていうオーラになってしまうのね」

「そんな…」

「例えば、レストランに行ったときに、一瞬でこの人はいいものを身にまとっているとわかったら、いい席に案内される。でも、この人は安い服ですませているなとなると、トイレの前の席に案内されてしまうようなこともある。この違いわかる？」

「お金持ちが優遇されるってこと？」

「なぜお金持ちが優遇されるの？」

「お金をいっぱい使ってくれるから？」

「それもあるかもしれないけれど、結局は波動の法則なのよ。お金は関係ないの。だって、ファストファッションを着てるけど、1億円貯金している人かもしれないじゃない？　ブランドものを身にまとっていても、その人の家計は火の車かもしれない。その人が放つオーラが洋服に現れるの。ブランドのものは繊細だから大切に扱っている人には、そのオーラがあるのよね」

ブランドに対する考え方が即座に変わった。そして、これからは100円のものにも感謝をしてハイブランドのものにも感謝をしよう。と両方大好きになると考えを改めた。

全てのものに感謝しよう。

この日は、部屋中のものに感謝の念を飛ばしてから寝てみた。

すると次の日、タイミングよく、派遣先であるアパレルブランドの会社からイベント用で使われた最新作のワンピースが安く買えるお知らせがあった。試着してみると、デパートに行かないと買えないような高品質の厚手の生地だった。ハイブランドではないが、同窓会に着ていくにはピッタリの服だった。

昨日の感謝のワークが引き寄せたのかもー。
この世界の引き寄せは本当にお金じゃなかった。

ルール 高品質を身にまとい高波動生活をしてみよう

[Chapter 4]

セレブのカバンは
なぜ小さい

人生はゲームと同じ

同窓会に着て行く服を引き寄せ、お財布もブランドものに変わり、私は飛び上がりたい気分になっていた。お金じゃない。自分の念が本当にこうやって引き寄せを創ったんだ。

メディチーナさんが言うことは本当なのかもしれない。そしたら、このフェイクファーのカバンもハイブランドに生まれ変わらないかな？

そのためにもまずは、自分を整えなければ。メディチーナさんの教えに従い、

「自分は自分であって自分ではない。ゲームのキャラクターを演じているだけだ。

私は私の人生を創っている」、そう強く信じてみよう。
ときにネガティブな感情も出てくるけど、それも許して心の広い人間に変わるように心がよう。
そして、自問自答をする。

「私はどんなキャラクター設定？」

まずは、自分が自分に設定しているキャラクターを知ることから。
何に反応して何に興味を持ち、何の不安や恐れの気持ちを抱えているのか？などの自分の感情をノートにメモしていく。

私はとにかく自分に対して、ダメダメキャラクターだ。私の場合はこんなキャラクター設定だろう。

・すぐに疲れる
・お金にルーズ

・臆病
・気分屋
・怒ると怖い
・恋愛が苦手

…今のキャラクターはノートの左のページに書いて、新しいキャラクターは真逆の言葉をノートの右側に書いていく。これはすごい！　メディチーナさんに教わったときにも感動したけれど、**私たちの短所は、直すだけではなくて、長所に変わる**んだ。

メディチーナさんに言われて、改めて気づいた。

はー。人間って奥深い。

長所に気づかせるために、短所で現れるだなんて。

それはさておき、どうしたらブランドのカバンを引き寄せられるんだろう？

現実的なことを考えるとやはり、少し疑ってしまう自分がまだいる。

ブランドものはひと桁金額が違うのではないか？　見間違いなのではないか？　というぐらいどれもこれもお高い。でも借金に追われている私に、ブランドものなんて持つ資格はないと思う考えはやめよう。メディチーナさんに教わったようにお金は関係ない。

私がそれにふさわしい人に変われば、引き寄せるわけだから。

メディチーナさんに出会って1年が経過した頃、派遣の契約更新期間が来た。今回は課長とも相性がよく、職場の雰囲気もいいので更新されるだろうと自信があった。

しかし予想に反して更新はなかった。

なんと、派遣社員から正社員への切り替えの話をされたのだ。

昔から願っていた、アパレルの会社で正社員になる夢が叶った！

ハイブランドのカバンは来なかったけれど、正社員にはなれた。きっと、正社員になりたいということを忘れていたからだ。メディチーナさんが言っていた夢は手放すと叶うということも本当なんだと気がついた。

ルール キャラ設定を変えてバージョンアップしよう

人生は祝福の嵐

私は正社員になったことを家族とガーデンのオーナーに伝えた。するとオーナーはお店の人を集めて私の就職祝いを準備してくれていた。そうとは知らない私は朝の日課に励んでいた。

私は絶対に、これから幸せになる。
ハイブランドのものだって手に入れる。
なんでも買えるような女になってみせる。

気合が入りすぎて、吐き気がしてきた。
オエー。正直、しんどい。

このとき、私はやり方を間違えていることに気がつかなかった。さらにせっかく継続してきた朝の日課をやりたくなくなっていた。どうしても現実的に考えてしまって、叶うわけないと疑ってしまう。それが刷り込まれてしまうのも嫌だった。

街を歩く人がハイブランドを持っていると、異常に気になり凝視していた。ブランドへのこだわりは、嫉妬の念となっていた。

いけない、いけない。

手放すと叶うというのは知っていたので、しばらくハイブランドのことは考えないようにしよう。

その晩は、ガーデンも満席となり、常連客たちがみんなでお祝いしてくれた。メディチーナさんも外国人の男性を連れて来てくれた。

「ジュンさん　おめでとう」

花束とカードをくれた。そして、その男性もお誕生日なんだと一緒に祝杯をあげた。

お祝いの会は盛り上がり、遅い時間になると、珍しくメディチーナさんが「我が家にいらっしゃい」と数人に声をかけていた。私は、直感で一緒に行ったほうがいい気がして、喜び勇んでお供することにした。

メディチーナさんのご自宅は、雑誌から飛び出してくるようなセレブライフだった。広くて天井の高いエントランスに大きなシャンデリアがぶら下がっていて、ホテルのようにコンシェルジュがいた。エレベーターは指紋認証で、本人しか上がれない。しかも、高級ホテルよりもセキュリティが強くて、お部屋にたどり着くまでに、3つのロックがかかった扉を通っていく。

これが日常だとは…。お部屋のインテリアは、高級ホテルのデザイナーに頼んでいるらしく、モデルルームのようだ。それでいて機能的で、世界のトップブランドとハイクオリティでそろえていた。

「狭いけれど、どうぞ」

ワンルームで暮らしている私にとって、ペントハウスなんて聞いたことはあってても入ったことはない。なので、全面、テラスで広いリビングの3LDKのお部屋は充分に広かった。200平米近くあるような気がした。

クローゼットは透明の扉で、そこにはハイブランドのお洋服が並んでいた。靴箱にはブランドものがカラフルに並び、まるでお店のようだった。

改めてメディチーナさんのファッションを見てみると、全身、ハイブランドだった。やっぱり、こういう人が存在するんだ。雑誌の中だけの世界じゃないんだ。改めて現実の世界なんだと自分の胸にしまった。

一番、セレブっぽいと感じたのは、全身鏡がたくさんあるところだった。そして、そこに私が映るたびにこの家にふさわしくない自分を感じていた。部屋のソファーに座ってお茶をもらったが、無造作に置かれた自分の大きなカバンからは負のオーラが放たれているのではないかと恥ずかしくなった。

今日は、職場から直接お店に来たので、カバンが大きいのは仕方ない。だって毎日、パソコンを持ち歩いているし…。私がずっと自分のカバンを眺めていたからか、メディチーナさんが声をかけてきた。

「いつもそんなに何をカバンに入れているの？」

「え？　必要書類とか仕事で使うものです」

「大変ね。でも、私なら持たないわ」

「そういうわけにはいかないんですよ。いつ必要になるかわからないので」

「気持ちはわかるわ。でも、私は必要になっても仕事は、必ず職場で終わらせるようにするの」

「はぁ。メディチーナさんはできる女性ですから。私は、本当に鈍臭いのでそういうわけにもいかないのです」

メディチーナさんが身軽な女の生き方をレクチャーしようとしてくれていたが、今の私にはまだそこまでの余裕がなかった。

「もしも、**今の夢を叶えたかったらカバンは小さくしたほうがいいわよ**」

そうはいっても…。私は自分のカバンの中身を改めて見直した。

なぜ、私のカバンはこんなに大きいんだろう？

・ノートパソコン
—外にいるとき、突然、仕事で使うかもしれない
・傘
—突然、雨が振ってきたら困るから
・上着
—寒くなったとき、体が冷えないように
・化粧品一式
—メイク直しのため、何が必要になるかわからないから
・救急セット
—急に病気やケガをしたときに備えて

・スマホの充電器
―スマホの充電切れたら困るから
・文房具
―ノートにペン。カラーペンに色鉛筆、ハサミ、テープ、ホチキスまで
・手帳
―これこそビジネスマンとして必須でしょう

我ながら何ひとつの無駄なものはなくて、用意周到な女のつもりだった。むしろ、セレブが持っているような小さなカバンには何も入らないじゃないか。セレブは働かないけど、労働者の私は荷物が多くても仕方ないよね。

でも、メディチーナさんはもしかしたら私よりも働いているかもしれない。

何が違うのだろう？

時間管理？

仕事の早さ？
お手伝いさんがいる？
それとも代わりに荷物を運んでくれる人がいるんだろうか？

ルール 身軽な女が幸運を掴む

出かけるときはセレブのように小さいカバンで

結局、メディチーナ邸で寝ずに朝を迎えた私。楽しかったけれど、正社員に昇格したばかりで、会社を休む気にはなれない。そこで、メディチーナさんの客間で朝の5時から8時までの3時間、睡眠を取らせてもらうことにした。

そこでは不思議な夢を見た。メディチーナさんと、ピラミッドの前でお茶をしているシーンだ。そして、自分のカバンが小指の爪くらいに小さくて困っているのである。これでは何も入らない。でも、メディチーナさんはそこから魔法のようになんでも出してくるのだ。

え？　それって魔法じゃない？　私も魔法使いになりたい。私たちは、急にピラミッドの中にワープした。ピラミッドが崩れそうなほど地響きがして揺れ始めた。わー。地震だー。キャー。死ぬー。こんなところで死にたくない。そして岩が崩れてきて、土の中に埋もれてしまった。

目覚めて、ファラオが出てきて、この世の摂理のような説法が始まった。ピラミッドの外では、私がゲームのキャラになり、ラスボスの巨人と戦っていた。そして、モーゼが現れて、海をパックリ2つに割って奴隷たちを解放していたが、私はピラミッドから脱出できなかった。

恐怖体験の夢は久しぶりだったが、これは、潜在的に変わりたいときに見る夢らしい。

トイレに行きたくて目を覚ますと、メディチーナさんが飼っているふさふさの茶色のノルウェージャンフォレストキャットが私のクビの上に乗っかっていた。苦しい夢の原因はお前だったか。よしよし。一緒に寝ていたいのは山々だけど、私は会社に行かないといけないのよ。そう言って優しく横に移動させてもらうと、トイレに駆け込んだ。

トイレから出ると洗面所にメディチーナさんがいた。

「おはようございます。早いですね」

「おはよう。よく眠れた？」

「メディチーナさんとエジプトにいる夢を見てうなされてました」

「え？　大丈夫？」

「大丈夫です。ふっかふかなベッドだったから、もう埋もれるようによく眠れました」

「よかったわ。シャワー浴びるでしょう？　これ、一式そろっているから」

ふっかふかのバスタオル・フェイスタオル・歯ブラシ・新品のシルクのショーツまである。もうそれだけでシャワー後が楽しみになった。


初めてのシルクのはき心地は生地がツルツルしててなんだか、お肌がサワサワとこそばゆかった。恥ずかしい気持ちにもなるが優雅な気持ちにもなった。メディチーナさんのショーツはいつもシルクなのだろうか？　そんな細部までこだわりがありそうだなと思った。

髪の毛をドライヤーで乾かしているとメディチーナさんがやってきて、

「化粧品は大丈夫なんだっけ？」

と聞いてきた。

「はい。一式持っています」

「でも、基礎化粧品はないでしょう？」

「いいえ、持ってます」

「持ってるの？　すごいね？　まるでお泊まり用のカバンみたいだね」

「いえいえ。いつも持ち歩いている日常のカバンです」

「重過ぎない？」

「はい。お陰様で体力がつきました」

「すごいわねー」

感心するメディチーナさんに私は質問してみた。

「メディチーナさん、スマホの充電は切れないんですか？」

「いつも夕方くらいに切れちゃうわよ」

「え？　そうしたらお仕事とか困らないんですか？」

「そうね。困るけど、困らない。本当に困るものは、日中に連絡が来るでしょう。私、ワーカホリックだから電源が切れてくれないと休みも取れないタイプなの。スマホの充電が切れたら、プライベートタイムということ」

「なるほどー」

私は改めて、いかに自分が心配性なのか自覚していく。

「そうしたら、出先で雨が降ったらどうするんですか？」

「濡れるかな？」

「え？　濡れるのが嫌だったらどうしますか？」

「それならコンビニで傘を買うかな」

「お金がなくてコンビニで高い傘は買いたくない場合はどうしますか？」

「雨宿りかな」

「夕立とかではなくて、雨が止む見通しもないときは？」

「カフェでのんびりかなー」
「でも、それだとまたお金がかかりますよ。選択できないとしたら？」
「そう言えば、私、雨に濡れないの」
「え？　まさかの雨に濡れない設定？」
「建物の中にいるときに雨が降っていても、自分が帰るときには止んでること
が多いの。それにタクシー移動するからあんまり雨の影響受けないのよ。雨に
濡れることを嫌ってその準備をするということは、ジュンさんの人生では雨を
降らす設定じゃない？　私にはそもそもその設定がないの」
なるほど。それは、全てのことにいえる話。私は、自分がいかに、不測の事
態に備えて、起こる確率が低いトラブルを心配して生きていたのかに気がつい
た。
「**心配にエネルギーを使うのはもったいないから！**　まずは、そこから見直し
てみると人生が軽くなるわよ」
「人生もダイエットしてみたいです…」

「うふふふ…。『セレブ全捨離』っていうのがあるの」

「え？　全捨離ですか？」

「そう。持ち物の8割を処分するんだけど、物だけではなくて、心配とか怒りも捨てるの」

「それってどういうことですか？」

「ハリウッドセレブに人気が出たレイキって知ってる？」

「レイキ？」

「創始者が臼井甕男《みかお》先生というんだけど…

今日だけは
・怒るな
・心配するな
・感謝して
・業を励め

・人に親切に

という5戒を守ってヒーリングするというものがあるの。心配なことがあったら意識してみてね」

ルール セレブ全捨離で心配を手放そう

セレブ全捨離の魔法

私の**大きなカバンと荷物の重さは、自分の心の中と一緒。**

つまり**心配の量**だった。

ならば不安を手放して心配しない生活を志す。心配がない人生ってなんて最高なんだと想像するだけで気持ちが明るくなっていく。

だけど、大きなカバンを抱えている私に心配しない人生なんて歩めるのだろうか?

そんなの普通の人にできることなのかな…。

そうだ、こんなときこそメディチーナ邸で教えてもらった「セレブ全捨離」。

この醍醐味は、物を捨てるだけではなく、心配ごとやご先祖様からの呪縛も解くことだという。瞑想しながら、物と向き合って捨てていくから海外の人たちには「禅捨離」だと思われているそうだ。

私はまず、お部屋の8割を処分することを目標にした。前回、考えに考え抜き、不要なものを捨てたけど、さすがに8割は捨てられていなかった。実際は必死に1割捨てた程度だった。今回は、同じ捨てるでも次元の違いを感じる。

不用品からは負のエネルギーが放たれている。だから、使わないのにとっておくのは、自分で自分の運気を下げるようなもの。

そんなメディチーナさんからの教えを思い出しながら、彼女の部屋に引越しするつもりになってみた。そうして、部屋の中を見回して、直感でパッと心に引っかかったものを見直してみる。

・1回しか使ってないキャンプ用のテント
—最近は施設も充実してて現地で借りられる
・スムージーを作るミキサー
—飲もうとしてるけど、買ったのは3年前。使ってない
・キッチン棚の奥にしまってある、古い茶箱
—賞味期限を見るのも恐ろしい。もらってから一度も空けてない

…などなど、どんどん作業が進んだ。引越しには運べないもの、しまうところがないもの、インテリアとデザインが合わないなど捨てに捨てた。もちろん、捨てるとは言っても、借金を背負っている身なので本当には捨てられない。売れるものは売ろう。

瞑想をしていたら、そのまま疲れていたのか、うたた寝をしてしまった。
そして、夢の中でも、メディチーナさんが出てきた。

私たちは、グランドキャニオンやセドナにいた。夢の中なので、自由にワープするのだ。赤土のパワースポットでボルテックスと言われるエネルギーの強い磁場で瞑想している。

「ジュンさん、不用品っていうのは、いわゆるゴミと同じでしょ。ゴミを家にためておくとほこりもたまるし、空間もとるし、空気もよどむのよ」

「確かに、使ってないのならゴミと一緒だ…」

「そうやって生まれた負のエネルギーは、ジュンさんの夢が叶わないように、あなたをがんじがらめにチェーンで縛って、行動できないようにしてくるの。だから幸せになりたくても囚われの身と同じようなもの。嫌でしょう？　それじゃあ奴隷と一緒だから」

「チェーンは以前、外されました。ありがとうございます」

「おめでとう。そうしたら、次のステージは、ほら。あそこを見て」

山頂は晴れ晴れしているのに、下を見下ろすと砂ぼこりが渦を巻いているのが見えた。

「すごいでしょう？　あそこにいたら、目が痛くなって、視界が見えなくなるじゃない？」

「そうですね」

「捨てるのは、何もものだけじゃないの。悪い人間だったり、悪い思考も同じ。どれもジュンさんを悪いほうへ導くからよ。気をつけてね」

夢の中のシーンは、私の自宅のキッチンに移動した。

「ほら。見て。もう、お姑さんみたいだから言いたくはないけれど、ここも、ここも、ここも、不用品の上にはほこりがたまっているでしょう？　どうしてかわかる？」

「長年、使わないからでしょうか？」

「そうなの、もう動かしてもいないじゃない」

不用品たちがうさぎさんに変身した。

エサをもらえない。

放っておかれて寂しい。

死にそう。

かまって欲しい。

うさぎさんは、怒りのボルテージが上がって、牙を剥き出し真っ赤な目で私を襲ってきた。

キャー。


夢だった。

目覚めて部屋を見回すと、昨日は気がつかなかった、1年以上使っていない不用品が新しく目に入ってきた。

・クローゼットの奥で小さくなっていた服
・キッチン棚の奥で見つけた使っていない食器
・結婚式の2次会のビンゴで当たった景品
・おしゃれなホットプレート

・動かなくなったCDプレイヤー
・読み終わっている漫画本
・止まっている時計
・履かないスニーカー

など、不用品の山が続々と発掘された。

そして売りに出してみると、テントは人気のアウトドアのブランドで、フリマアプリで結構いい値段がついた。ミキサーも型落ちだったが、デパートで買うような高額なキッチンアイテムだったため高値で売れた。これは自分で買ったものではなくて結婚式の引き出物でカタログから選んだものだった。有名メーカーってやっぱりすごいなー。そして、スニーカーは限定品だったので速攻で売れた。

やがて、部屋の中はさらにすっきりとし、なんだか、よどんでいた空気が爽やかになって部屋が明るくなったように感じた。

日曜日の早朝。ガーデンのアルバイトをして、ブランチタイムに解散となった。私はお茶でもしようと街を歩いていると、目の前から素敵な男性が歩いてきた。

「あれ？　ジュン…だよね？　この前、お店に来てくれた」

同級生の蓮だった。私は思い切って聞いてみた。

「今度の同窓会って、行くの？」

「うん。でも、お店が忙しくて休めなかったら行けないけどね。今度、お店にも来てよ」

私はうなずき、と笑顔を返した。でも営業熱心なんだと思うことにした。デートに誘われたかのように錯覚しそう。気をつけなきゃ。まだ私がお花の仕事をしていることは言ってない。なんだか、複雑な気持ちになった。

あーーー。蓮も来るかな、同窓会。

なんだか、今から緊張してくる。

だからこそ、今日もコツコツと全捨離の続きに励む。捨て。捨て。捨て。迷い……迷いは捨て。もう、8割ともなれば、迷ったら捨てる。


よし、会社にも最小限で行ってみよう。ためにし小さなカバンに替えてみることにした。

すると通勤中にパソコンが必要になることも起こらず、化粧が崩れてても結局、化粧直しはしなかった。文具品が必要になることもなく、雨も降らなかった。無事に何事もなく家路について本当に安心した。今まであんなに重いものを持ち歩いていて、どれだけ心配し過ぎていたんだろう。

ガーデンのバイトの日。オーナーが正社員の就職祝いだと言って、小さな箱をくれた。

お花が入っているのかなと受け取ったら、なんとハイブランドの小さなカバンだった。

「え？　これなんですか？　どうしたんですか？」

オーナーは照れくさそうに言った。

「ごめんね。本当は、ちゃんとプレゼントを買いに行きたかったんだけど、今週は忙しくて買い出しに行けなかったんだ。だから、これ、僕が姉にプレゼントしようと思って渡せずにずっとここに置いてあったカバンなんだ」

「え？　でも、そうしたらお姉様は？」

「大丈夫。海外に行っちゃったんだよ。フライト前にここに来る予定だったんだけど、そういうときって忙しいじゃない？　だから結局立ち寄れなくて。でも、心配しないで。フランスにいるんだけど現地で同じものをプレゼントした。自分で買ってもらって、僕はお金だけを送金したんだけどね」

「えー。でもそんな大切なもの」

「いやいやいや。女性ものを僕が使うわけにもいかないし、母親は他界してるし、実際にはあげる人もいなかったから3年もここにあったわけなので…。新品なのに型落ちなのはごめんなさい。許して」

「とんでもない。こんなに素晴らしいものをいただけるだけで本当にうれしいです」

週2回、早朝4時間だけのアルバイトの身としては、何年分のお給料に相当するんだろう。

「本当にありがとうございます」

帰りの電車で私はニヤニヤが止まらなかった。同窓会に間に合った。身につけるものは全てそろったことだし…。

そうだ美容室に行こう。ここは思い切って髪の毛をバッサリと切るのもいいかもしれない。

翌日、アパレルの会社で私のイメチェンは大成功だと褒められ、大好評だった。

私は今までお金があるからブランドものを買えると思っていた。

お金があるからセレブになれ、育ちが良く、才能があると思っていた。

そして私にはそれらがないからダメなんだと思っていたが、それは関係ないということがわかった。

ルール 自分の在り方を変えるとステージが上がる

セレブのように「小さいカバン」

ついに、同窓会の日が来た。

金運財布に、ワンピース、シルクのショーツにハイブランドのカバン。バッサリ切った髪——。

待ち合わせた沙織に会うとすごく驚かれた。

「変わったねー！」

「そ、そう？」

その反応があまりに大げさだったので、びっくりしてしまった。一緒に会場に到着するとみんなの懐かしい声がワーキャーと飛び交う。

子育て中の主婦がいる一方、すでに離婚してしまった人もいた。CAになった人、弁護士になった人、医師や看護師もいた。なんだか、みんなとても輝いている。何人かは起業もしていた。いろんな人から名刺をもらって、立派だなーと感動していた。

私はなんでもそろったつもりでいたけれど、実は、仕事に自信がなかった。そして、いつもの靴を履いていた。今回は、靴を脱ぐ座敷の会場だったので、中に入ってしまえば関係ないが、下駄箱ではそそくさとしまった。

改めて私はそういう働き方をしているんだなーと思わされた。ガーデンでお花の仕事をしているといっても、土日のみのアルバイトだし、まだ、会社は辞められないし、辞める気もない。むしろ正社員に昇格したし、お花の仕事だって、土日こそ人手が足りていないから重宝されているんだ。認められている。だけどいまだに胸を張ってこれをやり遂げたというような仕事のポジションにいないことが突きつけられた。

そんな中、ひときわ輝く女性が登場した。

誰だろう？

昔の面影がないので誰だかわからない。

「由美子《ゆみこ》だよ」

沙織が私の肩を叩いて耳元で教えてくれた。

由美子かー。さすがだなぁ。あの蓮と同じグループで華があって目立っていた女性の1人だったっけ。沙織の情報によると、社長婦人になってセレブ生活を満喫しているらしい。

自分とは正反対だった人がセレブになっているとは、いかに自分は違う人種だったんだろう。私とは違う世界。近づかないでおこう。そんなふうにひっそりと身を潜めていると、その後も続々と蓮のグループの女性たちが集まってきた。

みんな綺麗。そして、みんなセレブになっていて、なぜか、全員、ハイブランドの小さなカバンを持っている。彼女たちは、常々、メディチーナさんのような生活をしているのだろうか？

年齢も性別も職業も育ちも何も変わらないし、関係ないとしたら、どれだけ自分の在り方が大切か？　自分のキャラ設定次第で自分の人生を変えられるか？　体感はしたけれど、自分には何かがまだ足りない気がした。

華やかグループを見ていて気づいた。色気かもしれない。人から愛されるフェロモンが自分にはないのかもしれないな。


そこへ遅れて蓮が来た。女性とファッションばかりに目がいっていたため、そもそも男性のことなんて見ていなかった。

でも、蓮だけは目に入ってきてしまう。カッコイイ。やっぱり蓮はカッコイイなぁ。でもこれは好きとかじゃなくて、美しいものを美しいと思う素直な気持ちだと自分を納得させた。

右手を上げて、ヨッと挨拶と笑顔はくれたが、遅れて来た蓮は私とは反対のほうの席だった。そして、不思議とそこには、昔、蓮たちのグループにいた女性たちで固まっている。はあ。同窓会で同じ空間にいるのに、あのキラキラグループと私はまだまだ周波数が同じではないんだ。

結局、蓮とは一度も話さずに同窓会は終了した。2次会に行く流れもあったけれど、沙織は家に帰らないといけないというので、一緒に帰ることにした。最寄り駅について、もやもやしていた私は一人で飲み直そうと行きつけのバーに行くことにした。


「いらっしゃい」

マスターと常連さんが迎え入れてくれた。

「どうしたの？　今日はおめかしして。随分、バッサリと髪を切ったんだねぇ？　とてもお似合いだよ」

「おめかしって…。今日は同窓会だったんです」

「同窓会かー。好きな人はカッコ良くなっていたか？」

「もう。やめてください。そんな人いないです」

「赤くなっているじゃないかー。いたんだなー」

私は認めたくなかった。

「それより、今日もメディチーナさん来ないかな？」

「残念ながら、2～3カ月くらいは来ないなー」

「えー？　そんなに？　また海外ですか？」

「そうだよ。今はドバイにいる」

「マスターはなんでも知っているんですね」

「もうね、毎年のことなんだよ。ドバイが一番いい時期で、年末年始も海外の人だからね」

「自由でいいですねー」

「飛び回っているからね。でも、会社を設立したから更新しないといけないとか、高級不動産を購入したから見に行かないといけないとか、いろいろと忙しいみたいだよ」

高級不動産って、ハイブランドのものどころの価格の話ではない。私みたいに誰かに何かをもらって引き寄せているのではなくて、メディチーナさんは自分の力で稼いで、自立している。私も自分のキャラクターを変えると、そういうところまで変わるのかな？

「そうそう。この間、メディチーナ邸に行ったときに、ジュン、これ忘れただろう」

「わー。ありがとうございます」

そこには私が忘れてきたカーディガンと共に、メディチーナさんからのプレゼントで来年度の魔法の開運手帳が入っていた。

中には、ちょっとしたコラムがあって豆知識が学べるようになっている。

そしてセレブ全捨離の話も載っていて、不用品を捨てたら次は、不要な思考を捨てようと書いてあった。私は、真っ先に蓮のことを思い浮かべた。蓮に対して、どんな思考を減らしたらいいいんだろう。いつも卑屈になってしまう自分がいるな。

蓮のお店に行かない。行けない。この考えもネガティブだよねー。自問自答して悶絶する。

なぜ？　私は蓮のお店に行きたくないのか？

手帳に書かれていたワークシートのネガティブ思考に対してなぜ？という吹き出しに従って、その理由を探ってみた。ここでは考えずに直感で答えると手帳に書いてある。

結局、私は蓮に嫌われたくないからという答えになった。でも好きと認められない自分にも嫌気がさした。

なぜ？　嫌われたくないのか？　傷つきたくないから。わかるー。

なぜ？　傷つきたくないのか？　そりゃ、失恋なんてしたくないもの。

なぜ？　失恋したくないのか？

すると、幼稚園時代の記憶がフラッシュバックしてきた。公園でイジメられた経験があったのだ。

「女はあっちに行けー。入ってくるなー」

3人の男の子から砂団子をぶつけられた過去を思い出した。強い女の子だと、砂団子を投げ返していた。でも、私は砂が目に入って開けられなくなり、泣きながら砂場から逃げたのだ。それ以来、自分から人の輪に入ることが怖くなってしまった。あんなに嫌われて痛みのある経験をもう2度としたくないと恐れるようになった。

ハッとした。今、思い出してもショックな話である。でも、なぜ？　この年になるまで傷ついたまま、いまだにその悲しみを引きずっていたのか？　まだ、質問は深掘りするように書かれている。

だけどそこから先は、深すぎて自分のことでもよくわからなかった。直感で何も思い浮かべることができずに固まっていると、

「いらっしゃーい」

マスターの声で、ここはバーだったということを思い出して、家でじっくりやってみることにした。

「マスターありがとう」

忘れものにも、メディチーナさんにも感謝した。


帰宅する途中でも、なぜ？　私は悲しみをいまだに引きずっているのか？　と考えていた。


翌朝の通勤中も考える。

何かに気づくためなのか？

悲しみか？

悲しい人の気持ちをわかる人になるため？

愛を注ぐことを忘れないため？

お花をプレゼントして愛を与えるため？

なんだか、自分の内側からそんな声が聞こえてきて、私は自分がすごいことをしようとしている魂の使命のようなものに目覚めた。

なぜ？
なぜ？
なぜ？
で魂の声が聞こえる。そんなワークだった。

ルール あなたの魂の声を聞こう

[Chapter 5]

愛とお金は
雪だるま式に
大きくなる

幻想とまやかし

蓮のお店に行こうと決めていた前日に家族から連絡があった。

「え？　お父さんが入院？」

「そうなの。まあたいしたことはないみたいだけど…手術入院だけど命に別状もないわよ」

「そうなんだ…。だけど心配だよ」

「ジュンも忙しいでしょう？　無理しなくても大丈夫よ。単なる報告だから。体調は崩さずに元気にやっているの？」

「うん。すごく元気だよ。でも、お父さん、しばらく会ってないし帰ろうかな？」

「無理しなくていいからねー」

ずいぶん実家にも帰らず、これまで両親には心配をかけてきてしまった。お父さんも寂しがっているかもしれない。私は、蓮のお店に行くことから逃げるように実家へ帰ることにした。

内心、ほっとする自分がいた。

蓮のお店に行かない、いい理由が見つかったからだ。とはいっても、蓮とは約束をしているわけではない。お休みかもしれない。誰とも約束していないのに、行かない言いわけなんてバカみたい。自分でもクスッと笑った。私は実家方面の最終電車に飛び乗った。

車内で食べるおにぎりはとってもおいしかった。どうしてこういうときのおにぎりはこんなにもおいしいんだろう？　たくあんもいつもより味が濃いように感じた。ゆで卵も塩味がきいていておいしい。電車に揺られる時間は4時間もある。そうだ。メディチーナさんにもらった誘導瞑想の動画を見て勉強しよう。

私はまだ、それを見ていなかったので、ちょうどいいタイミングだと思った。

その誘導瞑想は私を死ぬ直前のシーンに誘うものだった。そのとき、父親のこともあったせいか、父親が死ぬのを引き留めて、必死であちらの世界に行かないように手を引っ張っていた。

そして、父親を説得できて、笑顔に変わると、私自身が死ぬシーンとなった。孤独死。怖くて不安だったが、そこが自宅のソファーだったので、いつのまにかリラックスしていた。気持ちがいい。死ぬときというのは人生で一番幸せになる瞬間でもあるらしい。死に方は交通事故や病死、老衰などいろいろと選べるのだが、私は自然死を選んだ。老衰というほど、今の自分が歳をとっていなかったからだ。毒殺や首吊り、水没や火事など、苦しんだり、自分の内臓が飛び出したり外見が崩れたりするのは嫌だった。

自然死は癒されて、おのずと気持ち良く息を引き取るものだった。安らかな臨終を体験して、現実の世界に引き戻された。

そうか。孤独死は怖いものでも恐ろしいものでもなかったんだ。不安になる心配もない。それがわかって私は、街の夜景がビュンビュンと通り過ぎて行く車窓を眺めた。

ガーデンのアルバイトは休みを取った。メディチーナさんは休みなく働いているイメージがあるな。お金持ちは働く必要などないと思っていたけれど、**実は、セレブこそよく働いている**のではないかと考えを改めた。あのメジャーリーガーも、いまだにバットの素振りは欠かさないという。私なんかはつい、セレブのお騒がせ記事のようなゴシップのほうにばかり目がいってしまうけれど、成功してもなお、地道な努力を欠かさないからこそセレブでいられるのだろう。

そういえばメディチーナさんは「挑戦している人は、神様からのお試しがある」なんてこと言ってたな……。

「神様はね、あなたの一瞬の迷いや不安を見逃さないの。気をつけて。人は迷子になると、弱い部分が出てくるから魔に負けやすくなってしまうのよ。だから神様はあなたに魔を送り込み、本当に幸せになりたいのか、簡単に元の自分に戻っていくのか誘惑するの」

しかも、誘惑は逃げ道が作られて、そこには温かい光が照らされ、居心地の良い空間になるのだという。

「あなたの弱い部分に魔が働くから、魔を見破ることが大切よ」

なんて言ってたけど、私にできるかな。そういえば、魔を送り込まれやすい人がいるんだっけ。

魔を送り込まれやすい人の特徴

・家族が大好きで大切にしている人

そういう人に限って、家族に問題やトラブル、病気、事故など、心配事が増える。

・恋人が大好きで大切にしている人

恋人に夢中であればあるほど、喧嘩したり、関係性がうまくいかなくなったりする。また、相手の浮気や借金が見つかったり、失恋することになったりするなどの問題が起きる。

・仲間が大好きで大切にしている人

日頃から仲間のために誠心誠意尽くしているのに、恩を仇で返されたり、裏切り行為が発生したりする。あなたの悪口やいじめなど、あなたは平和を望んでいるのにそれを壊す人が現れる。

思い入れが強く、大切にしているからこそ、そこに問題が起きる。私は、蓮に会いたい、お店に行こうと決断したにもかかわらず、家族が入院をして邪魔が入った。もしかして、これが今、私が神様に試されているってことなのかしら？

そういえばこんなことも言っていたっけ。

「その魔の動きは、人間に入ってネガティブヴァンパイアとなることがある」

初めて知るネガティブヴァンパイアのことを思い出していると、母親から電話がきた。電車の中だから電話に出られないので、私は車両同士が連結しているところまで慌てて移動した。

ルール ネガティブヴァンパイアを見破ろう

神様のお試し

母親からの電話は、駅が改装されて、降り口が変わったのと、お迎えの場所について、いつもとは違うところへ行くという話だった。

明日は、父親の手術なので、母親もいてもたってもいられないのかもしれない。そこからは、地元の友達と連絡をとって、日曜日にお茶する約束などをした。


「ただいまー」

その日は、もうすっかり遅くなったのでお風呂に入って早く寝た。翌日の手術は無事に成功。父親とは話もできて安心した。

実家では、弟に2人目の子供ができて、同居することになりそうだという話を聞いた。

「2人目おめでとう」

「姉ちゃんありがとう」

「この家に越してくるの？」

「そう。やっぱり子供2人は経済的にも不安だから。今回の親父のこともあるし、同居したほうが安心でしょ」

「たしかになぁ」

「それで悪いんだけど、姉ちゃんの部屋を赤ちゃん用の部屋にさせてくれない？」

「…仕方ないか。でもけっこう荷物が残ってたような…」

「そうなんだよね。時間ないかもしれないけど、今回の滞在中に少し片づけてくれると助かるよ」

まさか、ここでも全捨離することになるとは思わなかった。エネルギーってつながっているんだな。明日会う小学校の幼馴染との写真なども出てきて、とても懐かしかった。

幼馴染は同級生と結婚をして子供が3人いる子もいれば、地元に嫁いだ友達、地方へ嫁に行った友達もいる。今回は会えないメンバーもいるけれど、久しぶりに会うのが楽しみで仕方ない。


日曜日になってカフェに向かうとみんながいた。

「久しぶりー」

「久しぶりー」

集ったメンバーは4人だった。

「あー。懐かしいー」

それぞれに感嘆の声をあげて再会を喜びあった。今、何をやっているのか、お互いに近況報告をする。

みんな結婚して主婦になっていた。どうやら自分のことよりも子供の将来の不安でいっぱいで、本人のやりたいことは後回しにしているようだ。

「私は正社員になったの。それとお花の仕事もスタートさせたのよ」

私が言うと、主婦の友達は一斉に驚いた。

「え？　そんなことより早く結婚したほうがよくない？」

「今更、正社員だなんて、一生働く気？」

「お花の仕事だなんて、夢みたいなこと言って。安月給じゃ生活できないでしょ？」

次々に反対され、私は戸惑った。

ここでは、お花の世界といえば肉体労働のイメージが強く、洗練されたイメージは伝わりにくい。そして、泥臭い大変な仕事で長くは続けられず、早く手を引いたほうがいいジャンルに分類されてしまう。

自分ではやっと手に入れ叶った高尚な夢だけど、なんだかここの友達にとっては価値のないことのように感じられているようで残念だった。

特に幼馴染には一緒に喜んでもらいたかったのに、長い付き合いなだけに一番心配されて反対されてしまった。

結婚か――。

実際に、4人の中で独身だったのは、私だけだった。

「いい人はいないの?」

「うーん。いないんだよね」

「本当に?」

「うん。いない」

「好きな人は?」

「え?」

「好きな人」

「うーん。よくわからない」

「じゃぁ、気になる人は?」

順番にそれぞれから矢継ぎ早に質問される。

迂闊《うかつ》にも蓮を思い出し、赤面した私を見て、3人は顔を見合わせた。

「なんだー。好きな人いるんじゃーん。安心したー」

好きな人がいるだけでも彼女たちを安心させることができるのだとわかった。

「でも、片思いというか、むしろ、嫌いだった人だから」

「わ。複雑なんだね？」

「そう。だから、まだ、好きかどうかなんてわからない」

「写真ないの？」

「写真？　んーーー。SNSはやっているのかな？　見たこともなかったわ」

「調べてみようよ」

ドキドキしながら検索してみると、名前でヒット。イケメンのプロフィール写真が上がってきた。

「わーー。生花店やっているんだ。ジュン。この人が好きだからお花を始めたの？」

「違う。違う。私は、私。逆に行ってみたかったお店で彼が働いてたから、びっくりしてもうそこに行けなくなっちゃったんだよ」

「えー。もしも、ジュンのことが好きでこのお店で働いていたらどうするの？」

「それはないよ。向こうも私がガーデンで働いているのは知らないんだから」

「えー。わからないわよー」

「いやー。彼の周りはセレブ女子ばっかりだから、きっと彼女の一人や二人もいるよ。私なんてどうせ相手にされないから」

こんな発言をしている私に遠くからメディチーナさんが、ビーッっと「それ悪思考です。今すぐやめなさい」と警笛を鳴らしそうな気がした。

「ジュン。なんでも相談してね。応援しているから。お花のこともさっきは、反対しちゃったけれど、夫婦で気が合うなら賛成だわ。彼の出世も応援してあげるのよ」

付き合ってもいないのに、今から夫婦想定の話をされて、嫌な気持ちになった。それに、私がお花で世話になっているのは、蓮ではなく、ガーデンのオーナーなのに…。

すっかり日も暮れて、みんなは食事の準備があるということで解散になった。

私も、東京に帰宅する電車に間に合うようにと急いで帰った。ギリギリ最終電車の1本前に乗れて、お父さんにもよろしくね、と母親に連絡。帰り道は疲れたのか、電車に乗ってすぐに爆睡をした。4時間のうち、気がつけば3時間も眠りについていた。

起きると、そうだ、と途中まで考えていたネガティブヴァンパイアの話の続きを思い出した。

ネガティブヴァンパイアとは？

自分が夢や願いを決断したあとに、それを反対してくる勢力。
あなたを心配して愛を持ってあなたの欲望を手に取り、あなたをコントロールしてくる存在。

優しくて、話もうまく、結果、ネガティブヴァンパイアにあなたはエネルギーを奪われていく。つまり、あなたは自分の人生を歩めなくなる。自分の思考を奪われたり、直感を塞がれたり、あなた自身を否定され、自信喪失させられたりする。それで、あなたの心が揺らぐなら、神様のお試しだということだ。

つまり、夢や願いが叶うかどうか誰も未来のことはわからない中で、不安や恐れの心を増幅させることを言ってくる人に気がつくこと。

ネガティブヴァンパイアが入り込んだ人

・悪口をあなたの耳に入るように言う
・事実無根の悪い噂を広める
・構築してきたものを壊す
・関係性を崩す
・話し合いもなく奪っていく
・悪者に仕立て上げてくる

・やりたいことに反対する

など

ネガティブヴァンパイアは、退治するための十字架もないし、光も当てられない。逃げるのも上手。今回、父親からは、

「好きなようにしなさい。お父さんは大丈夫だから応援してるから」

と笑顔で言われた。友達も反対しているとは言い切れない。むしろ、応援してくれている。でも、自分の心が決まっていないことには気がついた。

私にはまだ、神様のお試しは来ていないのかも？

ルール　エネルギーを吸い取られると行動できなくなる

愛とお金の循環には魔法が大事

翌週、ガーデンのお手伝いに行くと、オーナーが両手を広げて待っていてくれた。

「いやー。戻ってきてくれてありがとう」

ギューッとハグされて、オーナーが外国で暮らしていたということはわかっているけれど、びっくりした。されるがままに戸惑っていると、

「ごめんごめん。いやぁ、ジュンさんがお休みした先週はもう、しっちゃかめっちゃかになっちゃってねー。いかにジュンさんが毎週、いろいろなところで手を回して気を遣って、僕たちが働きやすい環境を作ってくれていたのか、わかったよ。それでね、ぜひ、お願いしたいことがあるんだ」

「え？　なんでしょうか？」

「実は、今度、海外から手伝って欲しいと頼まれて、大きな案件の依頼を受けたんだ。僕は海外に行くので、日本では、このガーデンの運営をジュンさんにお願いしたいと思っているんだ」

「え？　でも、私、平日はアパレルの仕事があるし、それは辞められません」

「わかってる。僕もすぐに飛ぶわけではなくて、3カ月後なのと、海外に行くといっても期間は3カ月間だけ。だから、この3カ月でやってきたことを引き継いで、僕のいない3カ月間だけ、どうにかこのガーデンを今までと同じような運営で回し続けてくれればいいんだ」

「なるほど。でも、私は運営なんてしたこともないし……」

私は、フラワーアレンジメントの腕を上げることしか考えていなかったのでガーデンの運営に関しては一切わからなかった。

「大丈夫。ジュンさんだったら、勘どころもいいし、全部、僕がシステム化していくから。管理だけをして、毎回、僕に報告してくれればいい。指示はちゃんと出すので、アパレルの仕事も辞めなくてもできるようにするよ」

アパレルの仕事を辞めなくてもできるなら、やるだけやってみるというのもアリなのかも？　私が自問自答すると、以前メディチーナさんが言ったことを思い出した。


「チャンス。幸運の女神は前髪しかない。3秒ルール」


自信もないし、何もわかっていないけれど、ここは直感に従おう！

「ジュンさんは平日、僕が何をしていたか知らないと思うけれど、実は、僕も平日は、ガーデンに1時間しかいないんだよ。戸締りチェックとお会計を集計するだけ。他はスタッフたちが全部回してくれているんだ。だから、ジュンさんは今のお仕事の後に、このお店に1時間だけ立ち寄ってくれればいい」

なるほど。それなら、私にもできるかもしれない。

「お願いできるかな？」

「はい。私にできることであれば、お手伝いさせていただきます」

「ありがとう。そうと決まれば、来週、契約書を交わして、ジュンさんにはプラスの報酬を出すようにするからよろしくね」

え？　プラスの報酬って、経験もそんなにないのになんだかすごい話になってしまった。お金のない私にどれだけ奇跡が起きているんだろう？　これって、私、神様のお試しに合格したのかしら？

すぐに、マスターとかメディチーナさんに報告したいな。

でも、反対勢力が働いたら嫌だなー。

運営を任されるなんて、こんなに簡単に引き受けちゃってもいいのかな？　これって借金の肩代わりとか大きな責任を押し付けられちゃう話じゃないよね？　ガーデンのオーナーが経営する会社の詳細なんて全くわからないのに。実は借金だらけで火の車だったらどうしよう？　だってあんなに広い敷地だもの。もしかして、私の借金が増えてしまったら…。最悪じゃない？　とんでもないトラブルに巻き込まれてしまっているようで不安になった。

来週、弁護士と契約書を交わすときに聞いてみよう。借金を背負うリスクがあるなら断ろう。危ないリスクを背負わされるくらいなら、今まで通りの立場で手伝えばいいだけだから。

契約当日、弁護士はそんな心配を察知したかのように、借金の話をした。心臓がバクバクしながら話を聞くと、例え、会社が負債を抱えたとしても、私はその負債を一切背負う責任はないとのこと。それが契約書に含まれていて安心した。

契約書を交わした後、自然に涙が出てきた。借金から自分が守られたことに緊張の糸が切れた嬉し泣きだったのか、オーナーからの愛を感じたからなのか。

「大丈夫？　そんなプレッシャーに思わなくても大丈夫だから」

オーナーが私の背中を優しくなでてくれた。

「いいえ。これは嬉し泣きです。ありがとうございます」

そして、お店に来るときは雨が降っていたのに、天気が回復し、虹が出た。

わー。虹が綺麗。神様に合格と言ってもらえた気持ちになった。

ぬかるんでいるガーデンを歩いて帰ろうとすると、ぬるっと滑って転びそうになった。

「おっと」

寸前で前から蓮の声が聞こえた。パッと腕を掴んで転ばないように支えてくれたけれど、私は突然現れた蓮に慌てて、ジタバタしたことで結局2人で転んでしまった。

「ごめんなさい」

「なんでここにいるの?」

お互いが声を合わせて同じ質問をすると…、

「契約書を交わしに…」

お互いが同じように答えたのだった。

「え? 蓮も?」

「え？　ジュンも？」

2人ともこの偶然にとても驚いたが、ガーデンのオーナーの師匠というのが実は蓮の父親だったことが判明した。つまり、蓮は生花店でアルバイトしていたわけではなくて、師匠の息子であり、あの店の跡継ぎだったのだ。

後で聞くと、私が会社の運営に入るという話を聞いて、蓮も運命を感じずにはいられなかったらしい。ドロドロになってしまった私を見て蓮は、

「ちょっと待ってろ。着替えが必要だろう？　オーナーに聞いてみるよ」

「いや、大丈夫」

着替えって、オーナーは男性だし、あるわけないじゃない。それにしても随分とやらかしてしまった。泥だらけの足だけでも洗わせてもらおうかな…。

すると、すぐにオーナーも飛び出してきて、

「あー。ジュンさん、派手にやりましたねー」

と笑い飛ばしてくれた。

「いいものがありますから、部屋に戻ってください」

私は部屋に戻されて、女性ものの新品のスウェットの上下を渡された。

「これは、ウチの姉が、たまにガーデンを手伝ってくれるので買いそろえて置いてあったんです。姉のために僕が用意したものだから、遠慮なくもらってください。蓮くんはこれね。僕のだけど、これも新品だから」

「ありがとうございます」

2人そろって上下のスウェット姿は、部屋着のようでなんだか新鮮。私が着替えているうちに、蓮の花を卸す契約書のサインも無事に終わったようだった。

すると蓮から、

「自宅まで乗せてってあげるよ」

と声をかけてくれたので、お言葉に甘えさせてもらうことにした。

その日、蓮は、生花店のトラックではなくて、素敵な外車で来ていた。はっきり言ってスウェット姿とは合ってない。こんなことなら、電車で帰ればよか

ったかな。でも2人でスウェットなんてレアだし…。そんなふうに思っている

と、

「2人でスウェットはレアだなー」

蓮が同じように喜んでいる姿が可愛かった。もしも、結婚したらこんな感じ

かな？ スウェットが夫婦姿を想像させた。

ルール 愛のシンパシーは共感・共鳴から

運命を信じるのか？

今日の現場は、枯山水が見事な日本庭園がある料亭だった。

「大人なお店…」

私では絶対来られないような別世界に、周りをきょろきょろ、心はそわそわとしていた。

「ここの料理はどれも絶品なんだよ」

ガーデンのオーナーが嬉しそうに語る。

そうでしょうとも。見るからにどれもおいしそう。

さらに、おいしい料理が映えるような花の演出が個室ごとにあった。やはりこのような格式高い店には、品のある生花が合っている。いつものフラワーアレンジメントとは選ぶ花も変わり、花器も変わる。写真を撮って蓮にも転送する。勉強のため、と自分に言いわけしながら…。

それにしてもなんて贅沢な空間なんだろう。いつもとは違う世界に癒しを感じ疲れも取れていくよう。凛とした心でいられる日本庭園を見ながら生けられる環境だから？　花も凛とした佇まいに仕上がったみたい。

ガーデンのオーナーが海外に渡るまで残り45日となった。最後の期間にやることは、全てのお得意様との顔合わせだった。ビジネスは信頼関係で成り立っている。どんな問題やトラブルがあっても、その信頼という礎があれば乗り越えていける。反対に信頼がないと例え軽い問題でも大問題へと発展してしまう恐れがある。

すると、先ほど蓮へ送ったメールの返信が来た。

「頼みたいことがある」

相談を持ちかけられて悪い気はしなかった。何より会えることが嬉しい。だけど、相談ってなんだろう？

蓮の結婚報告とか？

まさか、私が、ブーケを作らないといけないとか？

あー。あり得る。蓮は鈍感で私の気持ちになんて絶対気がついていないもの。それだったら聞きたくないなー。片想いでもいいから好きな人がいる幸せを満喫していたかったかも。

蓮は、お花の納品と共に、私を迎えに来た。

「忙しいのにありがとう。乗って」

「改めて話があるというのはね、実は、俺もガーデンのオーナーと一緒にイギリスに3カ月派遣されることになったんだよ」

「え？　蓮も海外に行くの？」

「そうなんだよ。本当は、違う人が行くはずだったんだけど、急にお母様が倒れて介護が必要になってしまって、欠員が出ちゃったんだよ。それで、最近始まったお花の配達なんだけど、俺じゃなくなるから引き継ぎがあって、一度、新しいスタッフをジュンにも先に紹介しておきたいと思ったの。その人と会って欲しいんだ」

「そ、そ、そうなんだ」

結婚報告じゃなくてよかったが、海外に行ってしまうと聞いてすごく寂しくなってしまった。不意に涙があふれて止まらなくなった。

「え？　ごめん。ごめん。泣かしちゃった？」

「うん。ビックリしただけ。でも、蓮に会えなくなるのは寂しいな」

これまで私が頑張れたのも、蓮の存在が大きかったことを自覚した。

「なんだよ。お前らしくないな。それ、俺のことが好きだったみたいじゃないか。まぁ、モテる男は仕方ないかなー」

蓮は明るくかわして場を盛り上げ、ハンドルを切った。その後、送別会を開催してオーナーと蓮を送り出した。

2人が旅立ってから一番プレッシャーだったパーティーのイベントも無事に終わった。

そこには、メディチーナさんやその仲間たちも駆けつけて応援してくれた。私の手が回らないときでも、セレブ仲間はパーティー慣れをしていて、手に入らないワインを差し入れて場を盛り上げてくれた。更に、セレブ向けのケータリングを専門にしている女性は、小粋なつまみを用意して出してくれた。

「本当に助かります。本当にありがとうございます」


「ジュンさん、紹介するわ」

と、メディチーナさんに素敵な方々も紹介していただいた。

「彼はイタリア系アメリカ人。北海道に大きな牧場を持っていらっしゃるの」

「初めまして。牧場ですか？　いいですね」

「そして、彼女は、スペイン人で、フラメンコもできるけれど、オペラ歌手なの。今度、オペラも見に行きましょうね？」

「はい。お願いします。私、人生で1度はオペラを見に行きたいと思っていたんです」

「そして、こちらのダンディな男性は、ホテルオーナー。ユダヤ系のアメリカ人」

「よろしくお願いします。メディチーナさんって本当にお顔が広くていろいろな方とお知り合いなんですね？」

「みんなには、私がお世話になってよくしていただいているのよ」

メディチーナさんはどこまでも謙虚だった。

「最後、彼女はお美しいでしょう？　愛《あい》ちゃんは名前の通り愛情深くてね、投資ファンドのオーナーなの。お金に困ったら彼女のところにね？」

爆笑が起きた。そして愛さんに話しかけられた。

「ジュンさんは社会貢献に興味はありますか？」

「…えっと、社会貢献…」

これまで社会貢献についてなんて考えてみたこともなかった。

「今、私の中で温めていることがあるの。よかったらお話したいんだけど、今週空いてる日はないかしら？」

愛さんからの突然の提案に戸惑いながらも手帳を確認。

「土曜日はいかがですか？」

「ありがとう！　じゃあ土曜日にランチしながらお話ししましょう」

土曜日。愛さんから話を聞いてみると、

「ジュンさんはお花が廃棄されることが社会問題になっているって知ってる？」

ガーデンで働くまで、花は生き物だということを忘れていた。個性もあり、劣化だってするのだ。

「お花が廃棄されてしまうことは知っています。でも、社会問題にまでなっているとは知りませんでした」

「そう、お花はなまものだから、廃棄せざるを得ない状態になるのは仕方ないことなのよね。コロナ禍によってお花を多く使うようなイベントが中止になって、たくさんのお花が廃棄されたのを機に〝フラワーロス〟として注目されるようになったの」

そういえば、ガーデンでも急にイベントが中止になって、行き場をなくした花たちが廃棄されてしまったことがあった。

「お花のことを思うと心が痛いけれど、どうしようもないですよね…」

「それでね、このあいだガーデンに行ったときに思ったのよ。廃棄されるお花と社会問題、たとえば障害のある人や高齢者を組み合わせることができるんじゃないかって」

「お花と障害者や高齢者を組み合わせるんですか？」

「うん。破棄される生花を使って、プリザーブドフラワーを作ってもらうの。お花の力で癒されながら、商品を作ってもらえるし、これは立派な雇用創出する社会貢献事業になると思うのよ」

私は生花が好きだったから、あまりプリザーブドフラワーについては詳しくない。愛さんにプリザーブドフラワーの良さを聞くとメリットがたくさんあって驚いた。

プリザーブドフラワーのメリット

- 本来、破棄されるお花を長持ちさせられる
- プレゼントに良い
- 長期間枯れない
- 水やりや手入れがいらない
- 花粉がないためアレルギーの心配も少ない
- 生花よりカラフルで見栄えが良い
- 特殊な加工を施すため高単価にできる

そもそも、プリザーブドフラワーとは、1991年にフランスのヴェルモント社が開発し「長寿命の切花製法」として特許を取得したものなのだそうだ。嬉

しそうに愛さんは続ける。

「それからね、フラワーアレンジメント教室！」

「今もありますよね？」

「そうね、でもよくある趣味のものではなくて、国の教育給付金を受けて、シングルマザー支援や婚活パーティーでの成婚のバックアップにもつなげられると思うの。それから、ガーデンウェディングと共に、子供ができたら誕生日祝いなどのプレゼントにも使えるようにできたら少子化対策にも取り組めそうじゃない？」

お花が日常にある生活が広がっていきそうで私はワクワクした。

「プリザーブドフラワーもお店で買うと結構高いのよ。でも廃棄されるはずのお花を使えば安価にできるでしょ。価格が抑えられれば続けやすいから、ホテルやオフィス、飲食店など、お花を定期的に使うところへサブスクサービスにしちゃうのもいいと思うの。ガーデンで働くジュンさんに事業を手伝ってもらえないかと思って…」

えー！　急なビジネスの話にビックリしながらも事業計画書を見てみる。必要な人材から、人件費、経費計算まで全て見積もりがされている。何も言えずにいると、

「これらの事業を順序だててスタートするにあたって、最初に2億円を投じる手はずも整っているのよ」

「え？　普通ってこれだけのことをするから2億円くださいって言われるならわかるけれど、何もかもお膳立てがあってお金まで出してくれるなんて…」

私の器を超えた内容だったのでお断りしてしまった。ＩＰＯとか非公開株とか、なんだか難しそうな経済の話に私は興味がなかった。昼間はアパレルの会社に勤め、夜は毎日ガーデンに通い、土日は早朝にフラワーアレンジメントのお仕事を手伝う。心の余裕もなかった。

日々に忙殺される中、残りの2カ月間は、ぶれないようにメディチーナさんから教わった強運をつかむ三か条を実践した。

強運をつかむ三か条

［その1］感謝の心を忘れないこと

日々の生活で、どんなに小さなことでも、感謝の気持ちを持つことが大切。馬鹿にしたり、ダメ出ししたり、さげすんだりしているなら要注意。まして復讐心で頑張るなんてもってのほか。それをやっていると、最終的に積み上げてきたものが壊されるし、崩れるから。

あくまでも感謝の気持ちを忘れないことで、心が豊かになるように、そして、周りの人との関係も良好になることを心がけること。

「毎日、忙しすぎて、そんな感謝の気持ちなんて持てません」

かつて私はメディチーナさんへ、こう反論したことがある。

「これは、科学なの。これにより得られる感情やあなたから放つオーラから、あ

なたの未来が創られることだから。やればやっただけ金粉が振ってくると思ってやってみて」

笑いながら、私の問いに応じてくれたことを思い出した。

［その2］自分に愛を注ぐこと

自分に愛を注ぐためには、自分自身が自分を最愛の恋人として扱うこと。つい私たちは、自己犠牲の気持ちから周りの人を優先してしまいがち。でも、自分で自分に贅沢を与えられるようになると、周りからもそのように扱われるように変わる。自分を大切に。自分を好きになりましょう。

「まだ、自分が幸せになっていいと許可できていない？　そんなときは、あなたが幸せになることであなたのご先祖様全てを上に上げられると思って。つまり、ご先祖様からの呪縛を解き放つことができるの。それはあなた自身にかかっているのよ」

前に、メディチーナさんはこう言っていたっけ。他にも、言っていたことを思い出した。

「自分を好きになって大切にする一歩がわからない？　まずは、**好きなもの、好きな人に囲まれて生きるように心がけたらいいわ**。次に、妥協をしないことね。安物10個持つよりも高品質なものを1つ持つように変える。そして、言葉遣いに気をつけること。ポジティブな言葉を使い、褒め上手になること。最後に、健康美を意識することも大切で、そのためには、規則正しい食生活や適度な運動、良質な睡眠をとることよ」

［その3］運を味方につけよう

一般的に「運」というものは、波のようなもの。自分でコントロールできるものではない。しかし、その波にうまく乗ることで運気を上げられる人と、残念ながら溺れてしまう人がいる。まさに運も実力のうちで、**運は味方につけられるもの**だと知っておこう。

最初、この話を教えてくれたとき、私がぽかんとした顔をしているとメディチーナさんはこう付け加えてくれた。

「運の良い人と悪い人の違いがわかれば、運に恵まれるようになるわ。それは魂、心、体、感情、思考、意識のバランスを整えること。他人と自分を比べた瞬間から不幸に引きずり落とされるので、必ず、**昨日の自分と今日の自分を比べて、成長を褒める**ことね。あなたを**褒めることは運気アップにつながる**から」

運が味方をしてくれるということは、チャンスを掴むのが上手になるということ。大きいトラブルが、小さく軽く済むようにもなる。できればそんな人生を味わいたい。せめて、あと2カ月はそうであって欲しい。

私は改めて、メディチーナさんの言葉をかみしめた。

ルール

運を味方につけよう♪

大開運で強運を掴む方法

努力は報われる。

私は、アパレルの会社で主催されたデザインコンテストで、なんと審査員特別賞を受賞したのだ。賞金は10万円。先日の2億円と比べたら桁違いだけど、自分の頑張りで勝ち取った立派な収入だ。

コンテストの受賞は賞金以外にもいい余波があった。査定にポイントが加算され、ボーナスが当初の予定よりもアップ！　ついに借金完済にこぎつけることができたのだ。

次のパーティーが開催されたときに、投資ファンドオーナーの愛さんが小さな女の子を連れてきた。

「この子はマリ。私の娘なの。ちょっと知的障害があるんだけど、彼女のためだったらなんでもしてあげたいのよ」

社会貢献の話も、障害者を助けたいという話も愛さんの心からの気持ちだった。お金儲けのための大義名分だと思っていた私は、自分が恥ずかしい。

そんなことはお構いなしに、マリは草むらに駆けて行き、お花を見て喜んでいた。

「マリね、お花が好きなのよ。お花には魔除け効果があるから、お花を飾るようになったらマリが風邪を引かなくなったの」

私も、そう言えば、風邪を引かなくなっていた。

「お家でも、いろいろなお花を飾ってね、いつも一緒にお花を選びに行くの。そうすると、お花って花言葉があるじゃない？　マリは花言葉なんて何も知らないはずなのに、私にドンピシャなお花を選んでくるのよ。たまたまかもしれないけれど、私はそういうセレンディピティ（偶然がもたらす幸運）というのを信じているの」

「私ね、もし自分が死んでしまったらと思うと、どうしたらいいのか…。とっても苦しんでいるの。娘のことを考えると、夜も眠れないときがあるの」

愛さんのようにどんなにお金があっても、何も施せないこともあるんだと心にぐさりと何かが刺さった気がした。

今、私は元気だけど将来のことはわからないと思うようになっていた。何かお手伝いできることがあれば、協力したいと思えるように心が変わった。とはいえ、私からオーナーにこの話を通すのは無理難題である。

様々な企業でもプリザーブドフラワーを見かけたり、ハイブランドの店舗でもプリザーブドフラワーが装飾されているのを見かけた。その度に心動かされたがどう切り出していいかはわからなかった。

そして、3カ月目のパーティーが無事に終了した日。定例会でオーナーから嬉しい報告があった。オーナーがイギリスの財閥に気に入られて、大きな投資をしたいと言われたという喜びの報告だ。さすがオーナー。財閥とはいつもながら規模が違う。

しかし、財閥を満足させられるような投資案件を考えつかないというのだ。だから、誰でもいいので新たなサービスなどの提案があれば教えて欲しいという内容だった。

もう、これは運命なのかもしれない。

私はすぐに愛さんからのプリザードフラワーでの社会貢献についての提案を伝えた。すでに2億円の投資が決まっているということもあって、無事に話がまとまった。

そして私は、ガーデンの仕事とプリザーブドフラワーの事業に本格的に携わってほしいと言われ、悩んだがアパレルの仕事は辞めることにした。夢だったアパレルの正社員。自力で叶えたことで、次の夢を見たくなったのだ。自分の気持ちを肯定していこう。

――それから2年後。そこには、

「ジュン、ありがとう」

女の子を無事に出産した私に、ぼろ泣きする蓮の姿があった。

オーナーやスタッフは家族以上に子供の誕生を喜んでくれた。じつは、プリザーブドフラワーの案件に私も携わることになって、イギリスの花市場に詳しい蓮に相談しているうちに急速に仲が深まり、結婚するに至ったのだ。

お祝いに来てくれたメディチーナさんに、

「ありがとうございます。もし、メディチーナさんと出会っていなければ私がお花のビジネスに就くことも、蓮との仲を深めることもできなかったかもしれません」

と言うと、

「引き寄せたのは全部〝あなた〟よ。自信を持って！　これからもジュンさんが人生の主役となって人生を創っていくのよ」

「それって…」

「うふふ。一番最初に伝えたんだっけ？」

メディチーナさんは嬉しそうに微笑んだ。

そうだった。メディチーナさんに初めて出会った時に言われたんだった。「私を引き寄せたのは、〝あなた〟なのよ？　つまり、引き寄せの魔法はすでに始まっているの」と。

「あなたなら大丈夫。私たちは人生で大切なことをたくさん話したわ」

さらに3年後。私は空港にいた。

オーナーがイギリスの財閥からつかんできた投資の案件は規模を拡大している。私はこれまでの奮闘が認められ、オーナーの会社の役員に抜擢されていた。日本とイギリスを行き来しながらお花の仕事に専念することは、この上なく充実した時間だった。そして、それはメディチーナさんにもらった夢の開運手帳に書いていた通りに人生が創られていた。

「ママ〜、待って」

空港に飾られているお花に見とれていた愛娘が駆けて来る。

右手で娘の小さな手を引いて新たな夢へ向かって旅立とう。

「さぁ行くよー」

その左手にはたったひとつ、小さなカバンだけを持って。

ルール　叶わない夢はない。あなたが否定しない限り

おわりに

本書をお読みいただき、誠にありがとうございます。ジュンを通じて幸せなお金持ちになる秘密を紹介させていただきました。

さて、本作のタイトルにもなっている「セレブのカバンはなぜ小さいのか」ということですが、セレブの世界を垣間見た私から少し補足させていただきます。

1 お付きがいる

…大荷物は持たせるから

2 ミニマリスト

…余計なものを持たない

3 必要なものは買えば良い

…買わなくてもなんでもそろう。周りが用意してくれる

4 自分の役割だけやれば良い

…役割分担。担当がいる。その人の仕事を取らない

5 真っ直ぐ目標に向かって焦点を絞る

…余計なことに気を取られないように。やるべきことにフォーカス。実行力

6 他を断つ

…できないことを無理して抱えない。やらないと決める。捨てる、決断力

7 身軽に

…抱え込まない。いつでも軽く考えて柔軟に対応できるように。行動力

8　ファッショナブルに

…おしゃれのため。両手をあけておくため

9　あるがまま

…身ひとつで大丈夫という潜在意識の自信の現れ

カバンには幸せな成功者になるためのエッセンスがぎゅっと詰まっているということがおわかりいただけると思います。まずは身近なご自身のカバンを見つめ直してみるといいかもしれません。

本書がみなさまの幸せへの階段となりますように。ジュンのように迷ったり悩んだりしながらも幸せな日常を手にしていただけたら嬉しいです。

おわりに

著者プロフィール

桜井美帆

曾祖母がイタコという家系に生まれ特殊能力を引継ぐ。NYでヒーリングサロンをオープン。カウンセリング・ヒーリング・チャネリングなどを用いることで潜在意識を書き換え、魂・心・体・感情・意識・思考のバランスを整えて理想の人生を手に入れる方法を提唱。世界で唯一ヨーロッパの大富豪メディチ家でタロットを扱える権利を得る。鑑定歴20年、鑑定実績は1万人以上。著書に『あなたの守護神がわかる！神様占い』（総合法令出版）、『「愛」と「お金」のエネルギーに愛される』（ビジネス社）がある。

幸運を引き寄せる
桜井美帆のオフィシャルブログ
https://ameblo.jp/1channeling/

桜井美帆のオーラで開運チャンネル
https://www.youtube.com/channel/UC1pSncDXYrP1c6VWDGIGcNg

セレブのカバンはなぜ小《ちい》さいのか
お金《かね》と幸《しあわ》せの秘《ひ》密《みつ》ルール

2024年12月16日　初版発行

著者　桜井《さくらい》美帆《みほ》

発行者　山下 直久
発行　株式会社KADOKAWA
〒102-8177　東京都千代田区富士見2-13-3
電話0570-002-301（ナビダイヤル）
印刷所　TOPPANクロレ株式会社
製本所　TOPPANクロレ株式会社

お問い合わせ
https://www.kadokawa.co.jp/（「お問い合わせ」へお進みください）
※内容によっては、お答えできない場合があります。
※サポートは日本国内のみとさせていただきます。
※Japanese text only

定価はカバーに表示してあります。

ISBN 978-4-04-607275-7　C0030